Tradução
Celina C. Falck-Cook

Jennifer Love Hewitt

O Dia em que Atirei no Cupido

Olá, meu nome é Jennifer Love Hewitt e sou amorólica

SEOMAN

Título original: *The Day I Shot The Cupid*

Copyright © 2010 Love Songs, Inc.

Copyright da edição brasileira © 2012 Editora Pensamento-Cultrix Ltda.

Publicado originalmente nos USA e Canadá pela Voice, como *The Day I Shot Cupid*. Publicado mediante acordo com Hyperion.

Texto de acordo com as novas regras ortográficas da língua portuguesa.

1ª edição 2012.

Todos os direitos reservados. Nenhuma parte deste livro pode ser reproduzida ou usada de qualquer forma ou por qualquer meio, eletrônico ou mecânico, inclusive fotocópias, gravações ou sistema de armazenamento em banco de dados, sem permissão por escrito, exceto nos casos de trechos curtos citados em resenhas críticas ou artigos de revistas.

A Editora Seoman não se responsabiliza por eventuais mudanças ocorridas nos endereços convencionais ou eletrônicos citados neste livro.

Coordenação editorial: Manoel Lauand
Capa: Laura Klynstra
Ilustrações de capa e miolo: Catherine Addis
Design gráfico: Janet M. Evans
Foto da Autora © Joseph Cultice, ABC Studios
Editoração eletrônica: Estúdio Sambaqui
Revisão: Angela Castello Branco

Dados Internacionais de Catalogação na Publicação (CIP)
(Câmara Brasileira do Livro, SP, Brasil)

Hewitt, Jennifer Love
    O dia em que atirei no cupido / Jennifer Love Hewitt; tradução Celina C. Falck-
-Cook. -- São Paulo : Seoman, 2012.

    Título original: The day I shot Cupid.
    ISBN 978-85-98903-58-3

    1. Encontro (Costumes sociais) 2. Namoro 3. Relacionamentos homem-mulher
4. Solteiros I. Título.

12-14866   CDD-306.7

Índices para catálogo sistemático:
1. Homens e mulheres : Relacionamento : Sociologia 306.7
2. Relacionamento : Homens e mulheres : Sociologia 306.7

Seoman é um selo editorial da Pensamento-Cultrix.

Direitos de tradução para o Brasil adquiridos com exclusividade pela
EDITORA PENSAMENTO-CULTRIX LTDA.
R. Dr. Mário Vicente, 368 – 04270-000 – São Paulo, SP
Fone: (11) 2066-9000 – Fax: (11) 2066-9008
E-mail: atendimento@editoraseoman.com.br
http://www.editoraseoman.com.br
que se reserva a propriedade literária desta tradução.
Foi feito o depósito legal.

Este livro é dedicado a todas vocês que procuram o amor. À mamãe, à minha avó, a Michelle, Jenny e Dye, que sempre me ensinam como descobrir quem eu quero ser. Às minhas amigas, que sempre me apoiam. Ao meu irmão, que é meu herói. E ao Scott, por acreditar no meu livro.

Sumário

Prefácio 13
Introdução 15

VAMOS FALAR DE HOMENS, MULHERES E DO PONTO ONDE ESTAMOS

Galinha em Série 24
Colhões, um Vestido ou um Vestido que Esconda nossos Colhões? 26
Machão, Metro ou Herói 30
Ninguém é de Ninguém, ou Eu Perdi o meu Charme? 33
Usou Fio Dental, Dançou 38

AS COISAS QUE ENFRENTAMOS ENQUANTO FICAMOS OU NAMORAMOS COM ALGUÉM

(As Conexões, as Curtições e as Depressões)

As Fases da Relação 46
Mensagem de Texto ou Mensagem de Sexo? 63
Online ou Offline, Ainda Estou no Messenger Dele 66
Três Strikes e Você Já Era 70
Um Cheiro Estranho 74
Traje Amarrotado 76
Quando seu Relacionamento Dá de Cara com a... Mancha Marrom 78
Dilema Natural 81
Estou Sendo Intrometida ou o Meu Bumbum
    Está Parecendo Grande? 87
O Trono Dele e o Dela 94

WWW.FECHAOZIPER.COM ... 96
Vamos Brincar de "Nós" ... 98

**ROMPER UM RELACIONAMENTO É FÁCIL,
DIFÍCIL É SOBREVIVER APÓS O ROMPIMENTO**
*(Não dá para viver com eles, não dá para viver sem eles,
e também não podemos matá-los!)*

Comporte-se como a Grande Mulher que Você é e
   Dê a Volta Por Cima ... 103
Foi um Vagelezamento! ... 105
Mesa para Um ... 108
Em Quem Podemos Confiar? ... 110
Você Me Ama, Você Me Ama Mesmo... Ou Talvez Não ... 113
Mexa-se! ... 116
Vinte Tarefas Após um Rompimento ... 128
Fatos Reais sobre o Coração ... 132
Vamos Fazer Chamego! O Hormônio que Nos Faz Agir Assim ... 134
PARE! Em Nome do Amor ... 135

APENAS PARA AS MULHERES

Minha Dieta de Cinco Dias... Que Só Durou Três ... 143
Veja só, uma "Veinha"... E Não é a Única ... 145
Uma porção de Megera, por favor ... 147
Gordinha, sem a obrigação de ser gostosa ... 151
Ai, meu Deus, tenho 30! ... 153
Celulite não Mata Ninguém ... 155
M.E.R.E.C.E.R. ... 157
O Parceiro Perfeito, com Pilhas Incluídas ... 159

DIVERTIDOS CONSELHOS EXTRAS

10 Coisas a Fazer Antes de um Encontro 164
10 Coisas que NÃO se Deve Fazer Antes de um Encontro 166
5 Coisas que Ele Deve Dizer em um Encontro 168
5 Coisas que Você NÃO Deve Dizer em um Encontro 169
10 Verdades Nuas e Cruas Sobre os Homens 170
O Que um Homem Deve Saber 172
O Que uma Mulher Deve Saber 174
O que Significa o Amor? 176
Vinte e Cinco Coisas Que Não Escreveram
    Sobre Mim nas Revistas e Jornais 178
E Vamos Ficando por Aqui 182

O Dia em que Atirei no Cupido

Prefácio

Ora, muito bem, por que eu, uma atriz com mais de trinta anos, decidi escrever um livro sobre namoro? Bem, posso dizer que foi graças a Cabo San Lucas, no México. Depois de uma desilusão "daquelas", peguei um avião com a minha mãe, minha tia e um bando de amigas. Fomos parar numa linda casa, com vista para o mar e, como na maioria das reuniões de cérebros femininos, ficamos conversando sobre homens. Muito intrigada, observei que os grupos etários, os tipos de mulheres e estilos de vida eram totalmente diferentes, mas a mensagem e os momentos eram os mesmos. Namorar é hilário e também muito complicado. Os relacionamentos são difíceis, belos e confusos. E o amor, não sei por que, faz tudo isso valer a pena. Era como se fosse preciso usar a caneta e o papel naquele momento, e, portanto, comecei a escrever sobre todos os assuntos que estávamos abordando. Naturalmente, acrescentei meus comentários humorísticos, porque sem rir não dá para suportar.

Na hora do jantar, naquela noite, apresentei essas minhas páginas de reflexões amorosas à mesa, na esperança de aliviar qualquer sofrimento, rir das horas de vida perdidas em encontros malfadados, e mostrar que somos todas iguais. Elas adoraram – a tequila ajudou! E eu, enquanto escrevia, também comecei a me recuperar.

No final da nossa grande viagem, voltei para casa com uma nova ideia. E se tivesse sido por isso que passei por todas as minhas desgraças amorosas? Talvez minha missão fosse ser a alma gêmea de milhões de mulheres por aí que são exatamente como eu. E, portanto, é isso aí: o novo relacionamento, ao qual eu ia dar início, seria comigo, meu passado, meu presente, meu riso, meu sofrimento e, acima de tudo, com todas vocês.

Introdução

Este, para mim, é o lugar perfeito para se começar. Embora eu tenha nascido mesmo no dia 21 de fevereiro, eu poderia ter nascido uma semana antes, no dia 14 de fevereiro. Isso mesmo, no dia de São Valentim, Dia dos Namorados[1]. Eu me recusei a acreditar, até completar dez ou onze anos, que o dia de São Valentim não tinha sido criado especialmente para mim. Por quê? Porque meu nome é Love! Minha mãe me deu o nome de Love e quase deu à luz a mim no dia de São Valentim. Está na cara, né? Nasci para ser uma romântica incurável. Funcionou bem para mim até hoje, ou, pelo menos, era assim que eu pensava. E, com isso, chegamos ao dia de hoje. Esta é a parte mais realista e ligeiramente deprimente deste livro, portanto, é melhor contar logo tudo de uma vez. O que estou para lhes narrar vai incluir detalhes chocantes, mentiras e assassinato. Se você tiver estômago para isso, continue a leitura.

---

[1] Dia de São Valentim, ou 14 de fevereiro, é o dia dos namorados nos Estados Unidos. (N.T.)

Muito bem, aqui vai a história: em um dia frio, em que caía uma chuva fina lá fora (quem sou eu, Agatha Christie?), à mais esplendorosa luz vespertina, eu me sentei ao meu computador, imaginando o que poderia dizer naquele dia que tivesse algum valor para aquelas dentre vocês que tivessem a bondade de ler este livro. Decidi pedir uma ajuda ao meu amigo Cupido. Sabem, o Cupido (dito com uma vozinha infantil), aquele cara engraçadinho, tipo um bebê e homem ao mesmo tempo. O homenzinho de fraldas que encontra o verdadeiro amor para nós, atira uma flecha no homem dos nossos sonhos, trazendo-o até nós, toca violino e nos ajuda a viver felizes para sempre. Esse Cupido (agora volto a falar com minha própria voz). O que descobri a seguir me transformaria para sempre. Não é que, diante de meus olhos arregalados, depois de pesquisar no Google, surgiu nada mais, nada menos do que a VERDADE???!!!

Cupido não passava de um amante rejeitado. Alguém tão magoado que fez flechas envenenadas para atirar nas pessoas, na esperança de destruir suas chances no amor, porque a infelicidade adora a companhia de um homenzinho de fraldas. Ele era um diabinho, não um bebê fofinho com flechas mágicas, à espreita, para apontá-las para nosso companheiro perfeito e nos trazer todas as alegrias do amor. Tranquem as portas. Cupido não é bonzinho! De repente, toda a minha vida amorosa passou diante dos meus olhos num segundo: os Dias dos Namorados, as flechas que atirei mentalmente no cara dos meus sonhos diante de mim, as horas que passei pensando que Cupido resolveria todas as paradas. E para quê? Ele era tão deprimido e magoado quanto eu. E detalhe: ele não queria usar seus poderes para o bem. Foi aí que eu me manquei: como podemos ter visto um homenzinho de fraldas atirando flechas, e pensado que isso significava o verdadeiro amor???

Depois de uma hora, não acreditando na quantidade de cartões de amor da Hallmark que eu havia guardado, vi exatamente o que eu precisava fazer: EU TINHA DE MATAR O CUPIDO! Tinha de acreditar que era possível existir romance sem ele. Talvez não do tipo onde se ouvem sinfonias e se veem corações flutuando por toda parte (embora esse tipo tenha me esfaqueado nas costas mais do que apenas algumas vezes), mas algo que eu pudesse criar com outra pessoa, que fosse só nosso. As comédias românticas existem para nos dar sonhos e friozinho na boca do estômago, mas o que podemos criar em nossas próprias vidas pode ser não só melhor, mas também autêntico.

Então eu tomei uma atitude! EU O MATEI! Esse sempre seria o dia... O DIA EM QUE ATIREI NO CUPIDO! Permiti que minha mente destruísse todas as suas ideias românticas anteriores e acreditasse que o futuro seria melhor.

Estou escrevendo estas linhas apenas duas semanas depois dessa "transformação". Não vou mentir, venho tendo uns ataques de pânico do tipo "tudo está mudando", mas também me sinto como se estivesse à beira de um crescimento autêntico. Pergunto-me agora o que o romance realmente significa para mim. O que um homem precisa fazer, e o que eu gostaria de fazer por ele. Estou aprendendo – sem me sentir deprimida com isso, aliás –, como acelerar as batidas do meu coração e criar meus próprios fogos de artifício. De repente, não fico mais tão decepcionada por todos os fracassos românticos, porque a única coisa a obedecer é orgânica, vem de dentro, não é uma lista de coisas a fazer e não fazer, impostas por ícones românticos irreais. À primeira vista, você pode estar pensando... Será que ela está saturada? Amargurada? Excessivamente magoada? Que tal descrever esse processo com palavras mais produtivas, como Forte, Realista e Madura? Nunca mais vamos confiar em pessoas nem em nenhum mito para obter felicidade ou amor. Vamos nos esforçar para obtê-lo sozinhas. Vamos abrir nossos próprios caminhos e crer que o que o Universo nos oferece é perfeito. Vamos sair e encontrar o amor que sempre quisemos, mas, desta vez, com nossos pés firmemente plantados no chão, nossa chama interior em vez de flechas, e armadas da crença de que o amor acontece, sim, para todos nós. A propósito, se você vir um sujeito de fraldinha, continue andando!

Era importante para mim falar das minhas opiniões sobre homens e mulheres para você saber que não sou imparcial. Eu realmente acho que ambos os sexos são completamente birutas e maravilhosos. Um vai sempre precisar do outro, e desejar o outro. É só uma questão de comunicação, entendimento e, ah, sim, saber quando pedir desculpas, mesmo que se esteja certo.

Um beijo é um truque adorável, inventado pela natureza, para interromper as palavras quando elas se tornam supérfluas.

– Ingrid Bergman

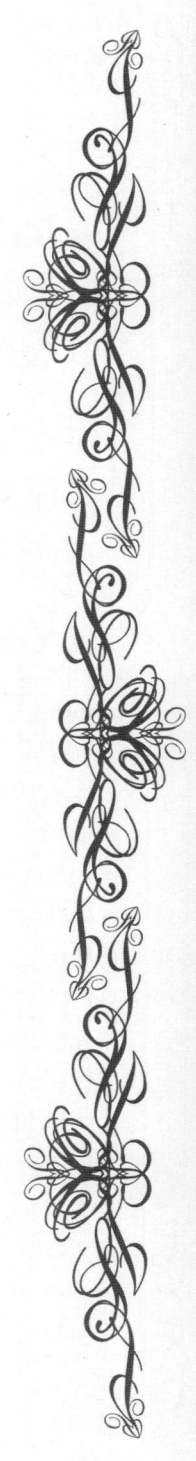

Galinha em Série

(que não é a da canja)

Galinha em série – parece um cartaz daqueles de mau gosto onde se lê ME CHUTA, pregado nas minhas costas. Não é um apelidozinho engraçado que minhas amigas me deram, só de brincadeira. Trata-se de uma coisa que já disseram de mim pelo menos umas mil vezes nas revistas de grande circulação, programas de tevê e artigos, onde deviam estar falando do meu trabalho. E, aliás, as pessoas que disseram isso NEM SEQUER ME CONHECEM! Perdi a conta de quantas vezes já li um artigo, satisfeita com as palavras do redator, que estava se concentrando em todas as coisas que devia, e aí me aparece essa maldita expressão: galinha em série. Esse termo que me deixa permanentemente perplexa.

O que significa isso? Que fico com os caras e depois os mato? Sim, já troquei muito de namorado, não de propósito, aliás. Eu teria adorado ter conhecido minha alma gêmea na quarta série e nunca mais pensar em outra pessoa.

Mas esse, obviamente, não é o meu destino. Portanto, venho namorando, como todas as mulheres fazem, só que todo o meu histórico amoroso vem sendo documentado pela imprensa. Então, só peço o seguinte: por favor, parem com esse negócio de me chamar de "namoradeira em série" e me considerem uma moça que está procurando o amor, exatamente como vocês.

Colhões, um Vestido ou um Vestido que Esconda nossos Colhões?

Eu nunca vou me esquecer da vez em que um namorado meu me disse para deixar meus colhões em casa antes dos nossos encontros. Eu não entendi o que ele quis dizer com isso. Quando ele explicou, fez sentido. Eu estava tentando controlar nossos encontros como se fossem reuniões de negócios, indo depressa demais, como se eu tivesse uma agenda a cumprir, e não pudesse falar de mais nada além do trabalho (tudo bem, eu ainda tinha de evoluir muito). É verdade, durante o dia, para minha carreira, negócios e força pessoal, em suma, eu uso um par de colhões, como armadura, mas à noite, quero ser suave, feminina e receber carinho de alguém. Embora eu entendesse o que ele quis dizer, me senti ofendida. Por que não pode haver quatro colhões num relacionamento e dois deles serem meus? Depois de dar-lhe um gelo e chutá-lo mil vezes na minha cabeça, percebi uma coisa: meus colhões teóricos estavam tirando dele a chance de tomar a iniciativa e permitir que eu fosse a mulher que eu tanto queria ser, mas que meus colhões impediam de se manifestar. Eu tinha de estar disposta a ser a versão mais branda, não tão irascível, de mim mesma, para conseguir o que ele e eu queríamos. Ah, mas que pensamento tão agradável... que só durou mais ou menos uma semana.

PERGUNTA: Por que não podemos ser fortes, seguras, duronas, às vezes até agressivas, e sermos, mesmo assim, tratadas como mulheres? Ou melhor, por que não escolhemos homens que nos deixem ser assim? E isso me levou à minha grande pergunta: O QUE QUEREMOS? COLHÕES, UM VESTIDO OU UM VESTIDO QUE ESCONDA OS COLHÕES?

Para ser franca, ainda estou meio indecisa. Toda vez que assisto a um filme antigo, quero ser a donzela em apuros (tipo King Kong e Jessica Lange). Toda vez que vejo um filme da Julia Roberts, quero o vestido e os colhões (sim, senhor, estou me referindo a *Uma Linda Mulher*). Toda vez que assisto à Oprah, só quero ter "um par", bem grande. Às vezes me saio muitíssimo bem, me comportando como uma mocinha, e outras vezes me vejo desempenhando o papel do macho e o meu. Mas estou tomando uma decisão, aqui e agora. Acho que esconder todo esse poder debaixo de um vestido de alcinha Miu Miu, lindo de morrer, é a saída!

Aquilo de que nos esquecemos é que todas nós somos incríveis, exatamente como somos. Se você se sentir forte, será forte. Temos curvas que realçam até mesmo as roupas dos maiores estilistas (muito embora, eles, em geral, escolham verdadeiros palitos para exibi-las...). Quando nossos cabelos flutuam na direção certa, soprados pelo vento, somos capazes de parar o trânsito. Brilhamos enquanto eles suam. Podemos fazer cento e cinquenta coisas ao mesmo tempo, e, ainda por cima, sangramos todo mês. E, no nosso melhor dia, somos a única coisa que pode deixar um homem sem palavras. Portanto, sejam fortes, exerçam seu poder pessoal... Meu Deus do céu, até rujam se for preciso! Mas, umas duas vezes por semana, tentem esconder tudo isso debaixo da roupa íntima e ponham por cima um vestido, um perfume, e uma pitada de pó iluminador, acrescentando também um pouquinho de disposição para deixá-lo assumir a liderança.

É possível amar, não encontrando a pessoa perfeita, mas vendo uma pessoa imperfeita de maneira perfeita.

– *Sam Keen*

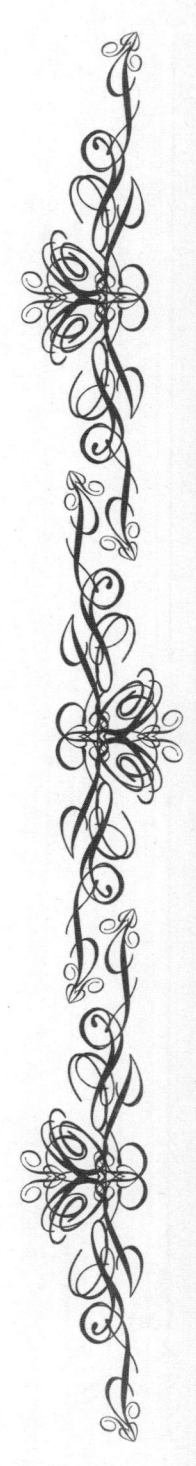

Machão, Metro ou Herói

(não só um, mas três...
tipos, quero dizer)

O MACHÃO

Ele joga vários esportes, idolatra os amigos, bebe cerveja e sempre está planejando uma aventura na qual você vai ter de se agarrar a umas cordas. Ele nunca será tão sensível quanto você quer. É o tipo másculo, musculoso, que faz você se sentir protegida. Tem lábios firmes e faz você se lembrar dos caras com os quais sonhava quando tinha oito anos.

O METROSSEXUAL

Cruz, credo! Ele é o tipo do cara que nenhuma de nós jamais imaginou. Metrossexual?! O que é mesmo isso, hein? Quem diria que seria admissível o seu namorado ter tantos produtos para cabelos quanto você, pedir Coca dietética quando você pede a normal, gastar mais do que você em tecidos finos e usar todos os lenços de papel durante as comédias românticas? Esse tipo de homem é sensível, entende seus sentimentos e preenche o maior número de necessidades *yin-yang* do seu relacionamento (mas, também, pode estar perigosamente perto de ser seu melhor amigo gay).

O HERÓI

Ele é um cavalheiro que abre a porta para você e sabe a importância que tem uma flor. Não tem medo de deixar você vê-lo chorar, planeja encontros quando você menos espera, ainda acredita em uma boa carta de amor, é capaz de admitir que fica admirando você enquanto você dorme, e se veste bem, para fazê-la se sentir a moça mais sortuda do salão. Ele quer entender o que romance significa para você e tornar isso realidade. Ele deixa você ser forte e adora quando você se sente fraca. Ele é quem você está esperando e pensa que nunca vai encontrar. E, às vezes, infelizmente, ele é aquele que está bem na nossa frente e que não vemos.

O bom é que não nenhum desses tipos de homem é ruim. O ruim é que nós, em geral, queremos uma parte de cada tipo. E aí, como conseguimos isso? Se eu soubesse, seria a oitava maravilha do mundo. Talvez, por enquanto, devamos abrir nossas mentes, baixar nossas defesas e tentar ver tudo do ponto de vista deles. As mulheres são muito complicadas (digo isso com o máximo cuidado), de modo que talvez nem sempre a culpa seja do homem. Há homens para todas as mulheres, e realmente acredito nisso. Mas, em vez de procurar perfeição, devemos procurar felicidade, porque, lembrem-se, nós também podemos decepcionar como mulheres. O nosso, assim chamado, espelho perfeito, pode se voltar contra nós a qualquer momento, e Deus nos livre: isso é algo que não vamos querer ver! Vamos nos encarar mutuamente, com amor e respeito, e procurar o homem certo para nós... não o homem perfeito.

Ninguém é de Ninguém, ou Eu Perdi o meu Charme?

Justamente quando achamos que os homens não pensam em nós, eles pensam. Mas não pensam em como somos maravilhosas ou complicadas. Eles pensam: "O que faço agora?" Ou, "Será que um dia vou fazê-la feliz?" Tão comovente, não? Ou será que eles estão só perdidos e prontos para desistir? Já conversei com alguns deles, e constatei que, até a mulher descobrir sua feminilidade, o cara não consegue descobrir sua masculinidade. O contraste entre os VELHOS TEMPOS e os TEMPOS MODERNOS é, aparentemente, a sua maior queixa.

Telefonema nos VELHOS TEMPOS

Quando um cara pedia seu telefone e simplesmente não conseguia esperar até o dia seguinte para telefonar, ele era fofo, um amor, um sonho! Se um rapaz pedisse seu telefone e esperava para ligar, era tímido ou respeitador. Você suava, toda empolgada, na expectativa!

Telefonema nos TEMPOS MODERNOS

Se um cara ligar no dia seguinte, ele está desesperado, sem alternativa, ou está perseguindo você. Se ele esperar um pouco para ligar, está só querendo te enrolar, está dando em cima de outras mulheres ou "ele não está tão a fim de você".
P.S.: Agora que sei que ele não está tão na minha assim, para onde vou? Obrigada pelo conselho, mas dispenso...

Jantar nos VELHOS TEMPOS

Uma mulher talvez oferecesse para rachar a conta do jantar (isso significava cada um pagar a metade). Mas, durante a maior parte do tempo, ela jamais pensaria em pagar, e ficaria grata por ter um rapaz educado para assumir a despesa.

Jantar nos NOVOS TEMPOS

Se um cara insinuar que quer que a moça pague a conta, ele gosta de viver às custas dos outros, um pobretão que está te usando e, provavelmente, não vai te convidar para sair de novo. Se ele paga, às vezes você agradece a ele. Mas, outras vezes, o que ele ouve é: "Por quê? Você acha que não posso pagar o jantar? Tenho emprego. Não sou uma mulherzinha indefesa e dependente."

Romance nos VELHOS TEMPOS

Se um cara fosse romântico ou fizesse qualquer coisa por amor, era um bom candidato a marido, bem-educado e o seu homem ideal.

Romance nos NOVOS TEMPOS

Se um cara for romântico demais ou fizer qualquer coisa por amor, a mulher diz: "Você me traiu? É por isso que está me tratando tão bem?", "Você é boiola?", "É obcecado?" Ou, então: "Já vi tudo, você só quer me levar pra cama!"

Agora, embora esses exemplos sejam extremos e não representem todas as mulheres, eles acontecem, sim, e nós ficamos parecendo malucas aos olhos deles. Portanto, talvez devamos recuar e pensar um minuto. Será que fomos longe demais? É necessário mesmo sermos tão esforçadas em matéria de amor? Estamos tão acostumadas a defender nossa posição como mulheres, que não sabemos quando parar? E, o mais importante de tudo: será que estamos arriscando nossa chance de sermos femininas? Os homens estão perdidos e precisam da nossa ajuda. Temos de ser claras e decididas (algumas de nós talvez tenham de olhar as definições de "clara" e "decidida" no dicionário). Portanto, eis algo que você pode querer tentar. Antes do próximo encontro com ele, decida quem você é como mulher apaixonada. Você quer ser a mulher? Você quer ser a patroa? Ou você quer ser igual a ele (lembra daquele papo do vestido que esconde os nossos colhões?). E você também tem de decidir se quer um homem que está apenas tentando agradá-la, um homem que está apavorado ou um homem que é ele mesmo. Depois que você decidir, seja coerente. Mostre a ele, em palavras ou ações – você decide –, de que tipo de homem você precisa.

Se você quiser ser a mulher, enfrente a luta do dia a dia, comporte-se como um *pit bull*, ou coisa que o valha, mas quando ele for pegá-la ou estiverem em casa, derreta-se nos braços dele e faça-o pensar que ele pode cuidar de tudo. Assistam a filmes do Hugh Grant juntos (para ele aprender algumas táticas do romance moderno). Deixe-o abrir a porta para você. Deixe-o ser quem ele é. Não seja fraca, mas deixe-o ser o herói. Pode ser que ele simplesmente se transforme no homem que você quer.

Se você quiser ser a patroa, vá procurar um homem que tenha autoconfiança suficiente para enfrentar a mulher forte que você é. Diga a ele que, às vezes, você quer tomar as decisões, e não reclame se ele deixar você fazer isso. O mundo é seu, mocinha mandona, seu homem só habita nele.

Se você quiser ser igual a ele, então explique isso ao seu namorado. Você quer romance, mas não quer perder seu poder. De vez em quando, você quer pagar a conta do jantar, mas também quer que ele a surpreenda. Você não quer que ele faça coisas *por você*; quer que ele faça coisas **com você**.

Não estou dizendo que isso vai ser a solução definitiva para todos os problemas de relacionamento amoroso, mas se os homens e as mulheres estivessem dispostos a dizer, uns aos outros, algumas das coisas que eles contam aos seus amigos e a suas amigas, tudo seria mais honesto e talvez o relacionamento fosse mais parecido com o que estamos procurando. Não me entendam mal, alguns homens (e algumas mulheres, aliás) simplesmente nunca entendem. Outros, com um empurrãozinho, talvez consigam entender. Acho que a vida e o amor podem ser o que fazemos deles. Descubra o que você quer do amor e da vida, e depois vá à luta. Se seu gato ou gata não se encaixar nesse contexto, então encontre alguém que se encaixe. Não podemos mais presumir que os homens sabem o que queremos; eles não sabem. Por conseguinte, em vez de lutarmos apenas por nós mesmas, talvez o amor seja um lutar pelo outro. E talvez o amor verdadeiro seja algo pelo qual não tenhamos que nos empenhar tanto assim.

Usou Fio Dental, Dançou

São 9h45, e estou me vestindo para sair e cuidar da vida, mas agora é diferente. Estou preocupada com minha tanga fio dental. Penso em vestir minha calçola de vovó (desculpa, hein, vovozinha) que guardo apenas para o dia da lavagem de roupa, mas então me lembro de uma coisa. Ao som da música do fio dental "Thong Song", do Sisqó, no rádio, atrás de mim, começo a pensar no que as meninas da Escola de Segundo Grau Rancho Bernardo passaram no dia 26 de abril de 2002. Pediram a elas que levantassem a saia antes de entrar no baile. O diretor da escola secundária perguntava às meninas que iam chegando para o baile que tipo de calcinha elas estavam usando. A orientadora enfileirava as meninas contra a parede e fiscalizava-lhes a roupa de baixo. Uma das meninas disse: "Nós tivemos de fazer isso diante da turma inteira, da orientadora, do vice-diretor e de dois policiais do campus." Se as meninas estivessem de fio dental, as autoridades as mandavam embora. PERGUNTA: Que bicho mordeu esses funcionários da escola? Que é que eles pensavam que estavam protegendo? Isso sim é que é ver as árvores e não ver a floresta.

FATO: O preço de uma tanga fio dental barata é oito dólares. O preço de uma tanga fio dental cara é cem. A dignidade de uma menina não tem preço. Moral da história: não há nada de edificante neste incidente. Os bailes costumavam ser para os primeiros beijos e passos de dança. Agora só dá brigas entre gangues e fiscalização de calcinhas?! Uma reflexão: ninguém verificou se os meninos estavam usando samba-canção ou sunga. Então, com a gaveta aberta de meu armário, e com o Sisqó tocando, declaro hoje o dia da tanga fio dental! Às meninas da Escola de Segundo Grau Rancho Bernardo, sinto muito que vocês tenham tido de enfrentar toda essa humilhação. E aos funcionários da escola, recomendo que, antes de proibirem tangas fio dental, experimentem usar uma!

Quero que vocês saibam que não estão sós. Eu passei por todas as situações que você está para ler, ou me meti nelas, rindo e chorando por isso. Adorei e detestei namorar. Conheci homens fantásticos e não tão fantásticos. Mas as trincheiras do namoro me ensinaram o que eu quero e o que eu não quero. Quem eu sou e quem eu não quero ser. Precisamos passar por isso... e, sem isso, sobre o que comentaríamos enquanto tomamos nossos drinques?

@MyEx

As Coisas que
Enfrentamos
Enquanto

Ficamos

ou

Namoramos

com Alguém

(As Conexões, as Curtições
e as Depressões)

No amor verdadeiro, você quer o bem da outra pessoa. No amor romântico, você quer a outra pessoa.

– Margaret Anderson

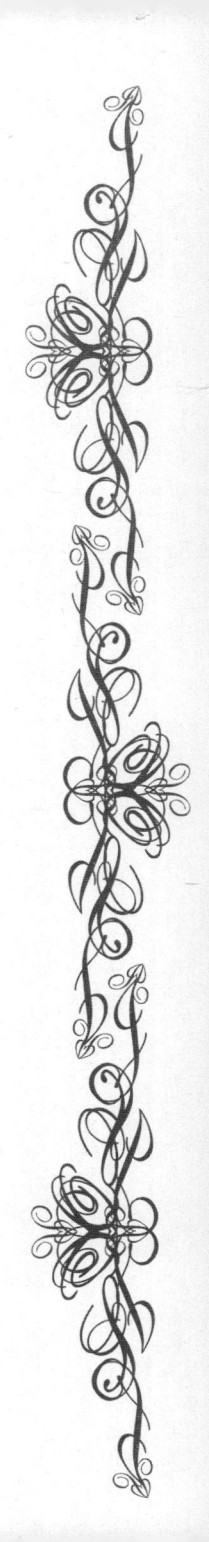

As Fases da Relação

- A Troca de Olhares
- A Cantada
- O Primeiro Drinque
- A Mensagem de Texto
- O Primeiro Encontro
- O Primeiro P e S (profundo e significativo)
- O Sexo Incrível
- O Namorado / A Namorada
- A Conchinha

- A Verdadeira Personalidade
- O Kit de Higiene Pessoal
- Os Pais
- A Fase do Fingimento
- O "Nós Vamos?"
- O "Nós Vamos."
- O Anel
- Os Noivos

A TROCA DE OLHARES

Este é o primeiro momento. Para as mulheres, é quando o sol brilha, as nuvens se afastam, as borboletas começam a esvoaçar, e há uma pequena chance de que seu futuro inteiro comece esta noite. Para os homens, segundo me disseram, é a primeira coisa que eles notam. Chama-se a isso "mostrar que está disponível." Seus olhos dizem tudo: "Olá, vou pra casa com você," ou "você vai para casa comigo." "Eu sou quem você quer, então, pode parar de azarar outras." Às vezes os olhos só dizem: "Vamos dançar!" ou "Me oferece um drinque!" Ou pode ser que expressem aquela infeliz frase: "Ih, meu Deus, e agora, ele não sabe que estou olhando para o cara atrás dele." Tenham muito cuidado, minhas amigas, quando trocarem o primeiro olhar. Ele diz que tipo de garota você é e que tipo de garota você quer ser. Seja você do tipo clássico ou sensual, os olhos são as janelas da alma, portanto, capriche!

A CANTADA

Este passo seguinte é onde os meninos viram homens. "O seu pai é ladrão? Porque ele roubou as estrelas e as colocou nos seus olhos" não é o tipo de coisa que queremos ouvir. Outra cantada lastimável, em uma noite que jamais esquecerei, foi quando me produzi toda, esperei a noite inteira que algum cara viesse falar comigo, e veio *bem* aquele cara. Ele me perguntou se eu era irlandesa, porque seu pênis estava "Dublin."[2] Depois dessa, passei seis meses sem sair, nem namorar. Se são essas as minhas opções, por enquanto eu passo. A cantada é tão importante quanto a primeira noite de sexo, porque nos diz se você vai ser até mesmo capaz de nos dar uma primeira noite de sexo. Você tem de ser lisonjeiro sem exagerar; carinhoso sem agredir; interessante sem ser pomposo, e o humor sempre é a chave. Simplesmente fale conosco, sem truques, e com personalidade. E, a propósito, evite ser visto falando com todas as moças que estiverem ao balcão do bar, diante de nós. Se elas não quiseram nada com você, nós também não vamos querer.

---

[2] O dobro do tamanho, em inglês, é "doubling", cujo som é parecido com "Dublin", capital da Irlanda. Um trocadilho bem infame. (N.T.)

O PRIMEIRO DRINQUE

*E*ste drinque pode lhe dizer muita coisa. Se ele tomar oito, é mau sinal. Se ele tomou um Cosmopolitan e você um uísque escocês, talvez também seja mau sinal. Se ele fica agressivo quando bebe, é um péssimo sinal. Mas se ele for capaz de bater um papo legal, ficar engraçado ou sensual depois de tomar bebidas alcoólicas, e quiser lhe dizer como você é bonita, sem precisar se esforçar para isso, parabéns: você pode tomar outro drinque e dar o próximo passo.

A MENSAGEM DE TEXTO

*I*sso é, sem dúvida, divertido! Você pode dizer o que quiser, e comunicar tudo assim. Ele pode fazer seu coração disparar com quatro carinhas sorridentes e as palavras certas. Mas cuidado: não deixe as coisas irem longe demais, nem pare nesta fase durante muito tempo. Seja reservada e passe rapidamente para o encontro cara a cara.

O PRIMEIRO ENCONTRO

A troca de olhares, a cantada, o primeiro drinque, a mensagem de texto: tudo isso levou você até esse ponto. Os dois estão bem-vestidos, tentando não apenas impressionar, como ficarem impressionados. Você está contando as histórias mais interessantes que consegue lembrar, enquanto ele está procurando mostrar a você algumas características pessoais marcantes. O vinho é fantástico, a iluminação é perfeita, e a comida... quem se importa com a comida? Os olhos dele estão mais brilhantes do que no dia em que se conheceram. Tudo está perfeito, e ele, com certeza, irá lhe telefonar no dia seguinte; e você, não vê a hora de telefonar para suas amigas e contar todos os detalhes do seu primeiro encontro.

O PRIMEIRO P e S
(Profundo e Significativo)

Este é um papo muito importante. Não pelos motivos nos quais você pode estar pensando. É porque as mulheres cometem um erro no primeiro papo profundo e significativo, e, vai por mim, elas pagam caro por ele depois. Estamos tão dispostas a nos entregar ao amor, e aos bons sentimentos que o acompanham, que nossos ouvidos nos traem. Nós bloqueamos todas as pistas que os homens nos dão, de quem eles realmente são, e, em vez disso, colocamos tudo que queremos que eles sejam e o que pensamos que eles disseram. Francamente, não posso deixar de frisar isso ao máximo: escutem o que eles dizem, TUDINHO! Isso vai lhes dizer quem eles vão ser em um relacionamento dentro de seis meses – e esse é um bocado de tempo para se desperdiçar.

O SEXO INCRÍVEL

Ai, meu Deus! Sempre acontece. "A Primeira Vez." Sim, esta é uma coisa bem mais importante para nós do que para eles, blá, blá, blá, mas, se o ato foi bom ou não, é importante para os dois. Quando funciona, é fantástico! A lambada na horizontal pode transformar qualquer dia ruim em bom, acabar com as brigas, e fazer duas pessoas passarem para a fase seguinte. Agora, o que vou dizer é meio antiquado, mas, meninas, saibam a quem estão se entregando. Se vocês quiserem namorar com alguém, mostrem a ele que tipo de mulher são. Se ele conseguir transar com você na primeira noite, e você estiver bêbada demais para se lembrar como foi, por que ele vai querer repetir? Por outro lado, os homens precisam ter uma conexão sexual na qual investir, portanto, não demorem muito a ceder (a menos, é claro, que vocês acreditem em se guardar, ou que vocês tenham um acordo com os seus namorados). E mais uma coisa: nem sempre precisa ser tão sério assim; tudo bem, se vocês só curtiram uma noite gostosa. Mas, lembre-se, seu corpo é um templo, não uma loja de conveniência; você decide a que horas abre e quem pode entrar. E para os rapazes: os relacionamentos sexuais às vezes são tempestuosos, portanto, usem uma capa de chuva...

O NAMORADO/A NAMORADA

Esta parte não é tão fácil assim. É aqui que duas pessoas diferentes, com duas vidas diferentes, precisam se esforçar para dar certo. Não estou dizendo que é o fim da diversão; e, aliás, se terminar, você não está com o par correto. Eu só estou dizendo que é aqui, se uma pessoa ou relacionamento valer a pena, que você vai trabalhar para fazê-lo durar.

É preciso buscar uma relação que evoque o melhor que você tem para dar, em que você seja quem você é. Você deseja estar com alguém que a faça sorrir, que seja sensual, romântico, e saiba quanto você vale. Respeito e sinceridade são fundamentais. Eu já tive problemas com a questão de confiança na minha vida. Isso afetou meu crescimento pessoal, bem como meus relacionamentos, e, francamente, durante a maior parte do tempo, provém mais do meu medo de me magoar do que dos atos da outra pessoa. Portanto, não cometam meus erros e simplesmente confiem no outro o máximo possível. E respeito – isso é difícil porque precisa ser conquistado, retribuído e mantido. Com isso quero dizer que seu parceiro precisa respeitar você também, e precisa sempre agir de uma forma que não prejudique seu respeito por ele. Nós todos já tivemos que romper com alguém, mas os piores rompimentos são aqueles em que não só saímos feridos, como também tudo acontece de um jeito que faz a gente perder o respeito pela pessoa. E, por último, só direi o seguinte: um relacionamento realmente bom é aquele em que ambos podem aprender, um com o outro, para se tornarem versões melhoradas de si mesmo.

A CONCHINHA

"Eu sou chameguenta, adoro um grude!" Pronto, confessei. Esta é uma das maiores vantagens de ser namorado/ namorada. Como um macaquinho de pelúcia com velcro nas mãos, eu me colo nas costas do meu parceiro, criando a "conchinha" mais gostosa do mundo. Mas (e isso não é segredo) os caras detestam dormir de conchinha. Como um pequeno e macio cobertor elétrico feminino, nós os fazemos suar, eles tentam respirar através dos nossos cabelos compridos, e quase sempre terminam se agarrando a um lado da cama, como se estivessem num penhasco, à beira da morte certa. Portanto, vou lhes contar qual é o truque: disfarce até ele adormecer, e depois cole nas costas dele, bem depressa, movendo-se bem devagarinho (feito o Tom Cruise em *Missão Impossível*). E aí, se e quando ele acordar, vire-se depressa, como se você estivesse apenas se espreguiçando, e aguarde. Quando o carneirinho adormecer de novo... um... dois... três... Velcro!!!!!

A VERDADEIRA PERSONALIDADE

Eu não desejo esta etapa para ninguém, e alguns podem evitá-la. Lembram de quando eu disse para prestar atenção a tudo que ele disser logo no início? É por isso. Se, de repente, seis meses depois de começar o namoro, ele começar a se mostrar agressivo, a ter inclinações para passar cantadas meio excessivas em outras moças, ou for egoísta ou rude ao falar com você, meninas, não me detestem, mas a culpa foi sua. As pessoas podem aprender coisas nos seus relacionamentos para que o outro se sinta mais confortável e fazer pequenos ajustes na personalidade, mas sejamos francos, a onça não perde as pintas. Ele provavelmente lhe disse, à sua maneira, ou mostrou a você, esse comportamento há seis meses atrás, enquanto você estava botando trajes de Príncipe Encantado nele, com cavalo branco e tudo, e abafando as palavras dele com a trilha sonora de Bridget Jones na sua cabeça. O que fazemos ao nos apaixonar não está errado; simplesmente, não pensamos no nosso próprio bem. Nós os transformamos naquilo que queremos, em vez de vê-los como eles realmente são, quando devíamos continuar procurando até encontrarmos o cara que realmente é todas as coisas que queremos. Ou, talvez, ao longo do caminho, devemos prestar genuína atenção no que ouvimos, olhar para nosso interior e refletir se vale a pena seguirmos convivendo com aquelas qualidades. E, devo acrescentar, nunca ninguém será perfeito, mas a relação pode ser excelente. E uma relação em que as duas pessoas estejam realmente prestando atenção, uma nas palavras da outra, me parece excelente!

O KIT DE HIGIENE PESSOAL

Ai, meu pai, agora vou contar a vocês uma vergonha enorme que passei. Uma vez, levei três horas preparando kits de higiene pessoal. Um para minha casa e outro para a casa dele. Na época, achei que seria um presente legal. Quando os mostrei a ele, achei que ia receber o Prêmio de Namorada Ultrarromântica. Só que não foi isso o que aconteceu. Ao contrário, a reação foi um silêncio constrangedor, seguido de sorrisos mais constrangidos ainda, e nunca mais ouvi falar dele. Meu conselho: ande sempre com o seu kit, para onde for, em vez de deixar um na casa de seu namorado.

OS PAIS

Será que já houve alguma apresentação aos pais que tenha sido perfeita? Sempre acontece de o rapaz se sentir mal, você se sentir mal, eles se sentirem mal ou nós nos sentirmos mal. Ele se preocupa, torcendo para que eles não mencionem ex-namoradas nem mostrem fotos cafonas, da época do colégio, tipo *Guerra na Estrelas*. Você se preocupa, torcendo para ter escolhido o traje certo para a ocasião, para não ser alérgica à comida da mãe dele, nem ser cantada pelo tio esquisitão dele. Eles ficam constrangidos porque não sabem se a relação entre vocês vai durar – e nem mesmo sabiam que ele tinha namorada –, ou chamam você pelo nome da namorada anterior do filho deles. Nós nos sentimos mal com o silêncio... ao entrarmos no antigo quarto dele, ainda decorado com tema juvenil, do tipo Pokémon. Eles podem se tornar seus sogros, se você passar para o nível seguinte. Será possível se hospedar lá, no futuro, e ter algum tipo de intimidade com seu marido em um quarto todo decorado com Pokémon? Eu, francamente, não tenho nenhum conselho para enfrentar uma barra dessas, mas lhes desejo sorte nessa batalha, com muito carinho.

A FASE DO FINGIMENTO

Depois que você conhecer os pais, os caras entram na fase de tentar fingir que a relação não vai ficar séria, que é ainda só um namoro casual, apesar de você ter uma escova de dentes na casa dele, e de estarem os dois dormindo juntos toda noite. É aí que as mulheres precisam tomar muito cuidado e ser muito espertas. Você quer mesmo que ele pense que não é nada porque não quer espantá-lo, mas também quer que ele saiba que você é o tipo de moça à qual ele devia se dedicar. Não sou grande fã dos jogos sentimentais, mas você precisa começar a jogar para valer! Vista-se sempre impecavelmente. Procure ser imprevisível e, às vezes, indisponível. Dê mais sexo a ele do que ele lhe pedir. Se ele ficar trabalhando até mais tarde ou precisar cancelar um encontro, diga "Tudo bem". Mostre-lhe como é fácil ter um relacionamento mais sério com você, e mesmo assim continuar vivendo a vida dele. Que dois podem, mesmo, ser melhor do que um. Não minta nem se transforme em alguém que você não é, apenas tente encarar a relação e ele sem muita seriedade. Depois que ele decidir que pode se dedicar a você sem perder a identidade, quando ele souber que você é "a mulher da vida dele," a química no seu corpo e na sua mente vai mudar, e será inevitável que ele a veja da forma que você sempre quis que ele a visse. Portanto, não vacile, comporte-se como a Rainha do Fingimento.

O "NÓS VAMOS?"

Numa bela manhã, tudo simplesmente ficará diferente. Alguma coisa, ou algum momento, mudará a dinâmica. Pode ser uma palavra dele, um olhar. Talvez a forma como ela dorme ou sabe como lhe ceder espaço quando você precisa. Mas ambos irão apenas se perguntar: Nós vamos? Vamos mesmo fazer isso? Ficar juntos para sempre? Dormir só um com o outro? Constituir família? Chegou o momento?

E a resposta será exatamente o que vocês dois queriam. Terminam todos os dramas do namoro, todas as briguinhas, a fase de conhecer as manias, inseguranças, e as dúvidas de cada um (pelo menos nesta fase). Vocês dois realmente vão se unir. Vocês dão um suspiro de alívio e iniciam a jornada rumo ao que será, com sorte, um belo futuro. Parabéns.

O "NÓS VAMOS"

E de repente surge um casal. Agora que você se despediu do namoro, já decidiu o que se deve ou não fazer no relacionamento, e se encontra curtindo a felicidade de ter um compromisso com alguém, a mente começa a fazer as seguintes perguntas: Ele vai me pedir em casamento? Quando? Seus amigos começam a perguntar e você, sem sentir, começa a cutucar de leve o seu namorado. Onde está a cabeça dele? Ora, há algumas possibilidades: (a) Nem mesmo pensando em casamento, infelizmente essa é a verdade; (b) pensando nisso e querendo se casar, mas achando que ainda tem tempo antes de precisar fazer isso (tudo bem, você quer que ele esteja realmente preparado); ou (c) planejando a surpresa mais bela de sua vida e deixando você sofrer, pensando que nada vai acontecer (todas esperamos que seja este o caso).

MEU CONSELHO É SIMPLES: Não deixe ninguém lhe dizer como, nem quando vai acontecer. O relacionamento é seu, e você quer que ele seja saudável e real. Não o pressione. Um homem pressionado a se casar ou a ter filhos é um animal enjaulado pronto para atacar. E depois você nunca vai saber se ele realmente queria ou estava só cansado de ouvir falar no assunto. E, o mais importante, sonhar acordada com o momento, mas sempre lembrando como a imaginação pode ser poderosa. Não vai ser um filme da Julia Roberts, porque isso não é real. Não vai ser um conto de fadas, porque isso também não é real. Vai ser só seu homem pedindo a sua mulher em casamento. E será mágico porque ele é um homem assumindo um compromisso real, que vai além dos seus instintos, porque você o inspirou a agir assim. Este momento, para ele, é todo o romance que ele tem para dar. Permita que seja mais perfeito do que um filme ou alguma fantasia sua, porque é real, e é lindo.

O ANEL

Ai, meu Deus, eu até perco o fôlego ao falar sobre isso. É como se tivessem desligado os sons do mundo inteiro e tudo se passasse em câmera lenta, exceto seu coração. Quando aquela caixinha se abre, e seus sonhos também... pronto, ali está "o Anel"! Depois dele, podem acontecer duas reações:

1 "Meu Deus, é a maior pedra que eu já vi, onde foi que ele arrumou dinheiro para isso? Quer saber, não me importo, ele é meu, o anel é meu, e todas as minhas amigas vão morrer de inveja."

OU

2 "Preciso continuar sorrindo, mas este anel é pequeno demais, e não foi lapidado como combinamos. Com o que ele ganha podia ter comprado um melhor... que raiva, ele não me conhece."

Ambas as reações existem, e não temos controle sobre qual irá ocorrer, ou temos? Vou contar uma coisa constrangedora e pessoal, mas, uma vez por mês, desde que eu tinha doze anos, vou a minha joalheria preferida e experimento o anel dos meus sonhos. Podem dizer que isso é exagero, mas eu acho que é só prevenção. Enquanto algumas irão receber um anel do tipo "de passagem", eu vou estar exibindo meu "anel dos sonhos" a todo mundo. E, aliás, nos últimos meses, tentando estar mais preparada, encontrei três anéis que fariam meu coração parar. Então, se meu namorado começar a dar sinais de que está começando a sentir "a comichão do anel," ele vai ter escolhas, mas serão escolhas que vou adorar. Não vou me desculpar por isso. O anel de noivado de uma mulher é como o carro dos sonhos de um homem, é o que usamos todos os dias, o que as pessoas pedem para ver primeiro depois do anúncio do casamento, e, queiramos admitir ou não, diz muito a respeito do que nosso homem sabe e pensa de nós. Uma amiga minha não ficou muito satisfeita com o seu anel de noivado e, portanto, depois de alguns meses, vendeu-o e comprou um maior. Foi uma briga enorme entre os dois, e podia ter sido evitada com um pouco de preparação para a compra da joia

Além disso, os homens saberão que acertaram com base no quanto ela o usa. Se estiver sempre na gaveta, na caixinha ou se ela o tirar depois que o noivo sair, ela não gostou do anel. Não me entendam mal. O anel ainda tem um significado, mas a vaidade da exibição também conta, não vou mentir. Portanto, eis uma ideia: comece a procurar um anel que adore, e procure reduzir a gama de escolhas para três anéis. Quando chegar a hora de oficializar o noivado, mostre os anéis ao seu namorado e ajude-o a entender o que isso significa para você e por quê. Ele quer fazer você feliz e, creia-me, os rapazes vão adorar receber essa ajuda sua. Portanto, saiba que, quando ele abrir aquela caixinha, uma das três coisas que você adorou vai estar ali dentro. Você então pode ficar com a reação: "Ai, meu Deus, eu sabia que ele ia escolher esse, é perfeito, ele é maravilhoso, vai ser meu marido, e obrigada, JLH!"

OS NOIVOS

É só até aqui que vai o meu conhecimento. Eu não passei do noivado, mas aprendi alguma coisa enquanto estava noiva. É tão lindo quanto devia ser. É uma época para flores, festas, parabéns, planejamento, sonhos e contentamento. Mas também é um tempo de reflexão. É hora de olhar sinceramente para o seu interior e o interior do seu parceiro, individualmente e juntos, e ter respeito pelo seu destino. Resolva quaisquer problemas ou situações nesta fase, porque no casamento eles só ficam piores. Verifiquem se vocês dois têm opiniões compatíveis em todas as principais questões, tais como filhos, família, fidelidade, religião e compromisso. Muito embora as estatísticas atualmente não sejam favoráveis para o casamento, isso não significa que você não possa mudar as coisas. Simplesmente esteja pronta. Portanto, enquanto você estiver noiva, divirta-se e tire um milhão de fotos para se lembrar deste período. Mas, também, vá devagar, entenda e avalie verdadeiramente o próximo passo que você vai dar. Ao deixar para trás todas nós, moças solteiras, rumo ao seu momento perfeito, olhe para nós enquanto caminha em direção ao altar, e saiba que estamos logo atrás de você.

Mensagem de Texto ou Mensagem de Sexo?

Tá legal, vamos ser sinceros, enviar mensagens de texto é um barato! É uma espécie de flerte, uma manobra arriscada. Você pode ser mais atrevida se for tímida, mais franca se estiver com medo, e é mais rápido se você for antissocial. E como qualquer coisa supermaneira, se você abusar, pode virar pesadelo. Na primeira vez que um bonitão manda um texto para o seu celular, é incrível! Você mal pode esperar para responder alguma coisa espirituosa, e depois fica aguardando, ao lado do celular, ansiosa, a resposta dele.

E, então, a mensagem chega, aquele texto sedutor que vai começar tudo. Você conseguiu chamar a atenção dele, é sensacional, você encontrou o ritmo certo! Uma semana e meia se passou assim, trocando uma enorme quantidade de palavras. Ele não ligou para você, nem a convidou para sair, mas também não lhe deu o fora. Talvez ele só precise de mais tempo, ou talvez ele precise levar uma hora e meia para responder ao seu último texto. Pode ser também que ele não tenha dado muita atenção para o casinho de vocês, via troca de mensagens de texto, e esteja apenas se divertindo por aí. Como uma pessoa normal. Desculpe, a verdade dói... Para o seu governo, ele talvez esteja escrevendo a mensagem de texto para você durante um encontro com outra. Uma outra possibilidade é que ele é capaz de azarar a torto e a direito, como um louco, sem se comprometer, para não ter nada mais sólido com ninguém. Talvez ele seja, também, um tanto tapado demais para se tocar que você não vai esperar para sempre. Ou vai?

Convenhamos, queridas, precisamos ser mais espertas do que isso! Queremos trocar mensagens de texto ou mensagens de sexo? É legal usar meios de comunicação modernos para fazer o aquecimento, mas se não deixarmos de lado essa azaração exclusivamente eletrônica antes de ela ter ido longe demais, eles é que não vão parar. Ei, moço, pode mandar quantas mensagens quiser para mim, viu, mas, depois de três dias, preciso de um telefonema e um pouco de ternura, cara a cara, para garantir que você quer mesmo estar comigo, e não com uma Maria cibernética, sem compromisso, só trocando mensagens de texto. Vocês entendem o que é passivo-agressivo, né, rapazes? Quero dizer, qual é o objetivo dessa relação? Sexo via texto? Vou lhes dizer o que eu acho: já está rolando! Eu, hein, dispenso!

A MENSAGEM DE TEXTO DELE:
Se você for uma gata boazinha...
Eu te digo qual é o tamanho do meu pênis.

A MENSAGEM DE TEXTO DELA:
Ah, sim, superdotado... depois te passo o tamanho dos meus peitos.

A DÉCIMA MENSAGEM DE TEXTO DELE:
Em vez de a gente fazer chamego e se entreolhar... vou desligar meu telefone e te mando um torpedo amanhã.

E nós ainda ficamos pensando por que a relação não está dando certo? Diga não ao namoro via texto. Tire o BlackBerry dele, e veja quem ele realmente é.

Online ou Offline, Ainda Estou no Messenger Dele

Ah... que dia cansativo no escritório, tão docemente interrompido pelo homem das mensagens instantâneas dos seus sonhos. Que invençãozinha maravilhosa. Ele pode lhe dizer alô, mandar beijos e carinhas sorridentes, e atrapalhar sua concentração sempre que tiver vontade. E você também pode fazer o mesmo. É tão encantador e... uma violação da privacidade tão grande, se a gente parar para pensar. Se você estiver no escritório, ele vai saber. Se você for embora, ele também vai saber. Toda vez que você está lá e não responde... ele sabe que você está online. Talvez a gente devesse ter o direito de impedir que os amigos do mensageiro instantâneo se comunicassem temporariamente conosco, via ordem de restrição. Pense bem. Você resolve romper a relação, ele sai da sua vida, você se despede dos amigos dele, chora, engorda, muda de vida, perde peso, toca para a frente, se esquece dele, vai trabalhar, liga o computador, e como quem ressurge dos mortos, aquilo aparece. Foi a única coisa que você não fez. BLOQUEAR. Você esqueceu de bloquear o mensageiro instantâneo, para se libertar de antigos fantasmas...

OI...

TUDO BEM?

ENTÃO... ESTÁ NAMORANDO ALGUÉM?

RESPONDE... EU SEI QUE VOCÊ ESTÁ AÍ!

Precisamos nos lembrar de tudo, meninas! Por que devemos ser prisioneiras em nossos próprios computadores? Não ande, *corra* até o computador!

O amor é uma chama. Mas se vai aquecer seu coração ou incendiar sua casa, não é possível dizer.

- Joan Crawford

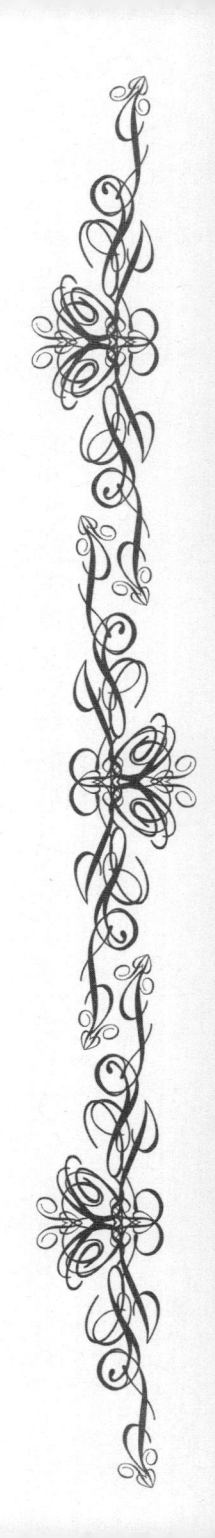

Três Strikes
E VOCÊ JÁ ERA

Se os encontros fossem como o beisebol, a regra segundo a qual o rebatedor sai depois de três *strikes*[3] ainda seria válida. Há muitas variações do mesmo tema, mas o resultado é o mesmo. No meu primeiro e único encontro às escuras, as três variações aconteceram numa noite só. Ele me chamou de "amorzinho" antes mesmo de o carro chegar à rua, me deu balinhas de menta, vinte minutos depois, para "nosso beijo no final da noite", e depois tentou me convencer a jogar com ele em um fliperama, porque "é isso que os casais fazem". A aparência do meu príncipe encantado não era a descrita nos meus diários infantis. Ele estava de mocassins de couro de crocodilo (onde foi parar a consideração para com os animais selvagens?), calças largas pescando siri (tal-

---

[3] No beisebol, *strike* é quando o rebatedor não rebate a bola na "zona de strike", um prisma que vai dos ombros aos joelhos dele. Na terceira vez que ele não rebate, ele sai da base e cede lugar a outro rebatedor. (N.T.)

vez ele estivesse esperando algum dilúvio?) e uma camisa de seda brilhosa. Sim, eu estava para sair com o maior mauricinho do pedaço, mas ele, obviamente, era de uma época anterior à minha. (APARTE: O motivo pelo qual eles chamam esse tipo de encontro de "às escuras" é que, se a gente pudesse ver o cara, não saía!)

Permitam-me dizer a vocês como funciona a mecânica da coisa.

Vocês estão em público e o cara começa a demonstrar raiva ou fica agressivo com você e outras pessoas:
PRIMEIRO *STRIKE*.

Lá para as tantas, você percebe que a "amiga" que deu conselhos a ele sobre como se vestir, ensinou a ele como agir e lhe disse que ele devia se comportar desse jeito em um encontro, é a "EX" dele:
SEGUNDO *STRIKE*.

E aí, no clímax da noite (o único que você vai ter) vocês vão a um bar estilo karaokê, "porque isso compensa as últimas duas horas da sua vida que você nunca mais vai recuperar", e você percebe que está em companhia de um homem que sabe cantar inteira a música "The Bad Touch", do Bloodhound Gang, e se orgulha disso! Para quem não sabe, a letra é assim: "você e eu, amorzinho, não passamos de mamíferos, então vamos fazer o que eles fazem no Discovery Channel!":
TERCEIRO *STRIKE*.

Agora, embora essas situações pareçam exagero meu, vão por mim, a regra dos três *strikes* funciona quando aplicada. Portanto, se ele "pisar na bola" três vezes, em uma noite só, não repita a dose!

EIS MAIS ALGUNS EXEMPLOS DE *STRIKES* AOS QUAIS VOCÊ DEVE PRESTAR ATENÇÃO:

1. Ele se atrasa mais de meia hora.

2. Ele está dirigindo o carro da mãe dele.

3. A mãe dele é a motorista.

....

1. Se ele não tira os olhos do seu peito.

2. Se ele não tira os olhos do peito da garçonete.

3. Se ele não tira os olhos dos peitos de toda e qualquer mulher.

....

1. Se ele começar a falar de si mesmo sem conseguir parar.

2. Se ele desembestar a falar, na hora do jantar, e começar a fazer perguntas, uma atrás da outra, sem ouvir as suas respostas.

3. Se ele, basicamente, tenta devorar seu rosto inteiro ao lhe dar um beijo de boa-noite.

....

1. Se ele ficar lhe dizendo o tempo todo: "Que bobeira", enquanto você estiver falando.

2. Se ele estiver morando na casa da ex-esposa dele.

3. Se ele falar o nome de outra mulher quando se dirigir a você.

Sai dessa!

Um Cheiro Estranho

Vamos lá, o preço de um perfume bom é 50 dólares. Somando ao hidratante e talco combinando com ele, 100. Camisola da Victoria's Secret, 45 dólares. Rímel, delineador, corretivo, blush, brilho labial, e base, tudo por pelo menos 30 dólares. Estas são algumas das coisas que fazemos, como mulheres, para deixar nossos namorados excitados e perturbados, e funciona. Atacam eles como uma gripe, e os deixam indefesos. Nós nos tornamos deusas do sexo, cheirando a rosas e baunilha, com olhos esfumaçados e unhas pintadas à francesinha, desfilando pela sala com os cabelos cascateando em torno de nós, vestidas com uma camisola que nunca mais usaremos de novo.

E mesmo assim, o romance (ou aquele danado do Cupido) ainda consegue estourar nosso balão sedutor. Em um estudo feito há alguns anos, para descobrir de que cheiro os homens mais gostavam, colocaram vendas nos sujeitos e lhes pediram para cheirar vários aromas diferentes. Vai se preparando, porque todos eles, sem exceção, escolheram a mesma coisa. Era exótico? Tinha cheiro de noites inesquecíveis na Europa? Pode ser que mude sua vida sexual para sempre? Não, a não ser que você ache o café da manhã estimulante do ponto de vista sexual. Todos eles escolheram o cheiro de pão doce com canela, recém assado. Francamente!

Meus dois primeiros problemas são: quem incluiu o café da manhã neste teste de perfume? (Deve ter sido um homem.) E será que eu preciso mesmo me preocupar mais com as mulheres que trabalham em padarias do que com as ex-namoradas dele que eram modelos? Sinceramente, onde é que nós estamos? Eu me recuso a andar por aí com cobertura açucarada de confeiteiro atrás das orelhas e canela nos pulsos. Uma dançarina francesa ou uma das garotas da página central da Playboy servem para esquentar o motor do seu namorado, mas fingir que sou *croissant*? É aí que a dignidade começa a ir por água abaixo. Portanto, economize todo o dinheiro que você gasta com cosméticos, pois desconfio que, se quiser levá-lo para a cama, é melhor convidá-lo para o desjejum.

Traje Amarrotado

Tá legal, todas nós já fizemos isso. Já passamos por esse caminho. Nós conhecemos alguém, após vários *shots* de tequila, e no dia seguinte ainda estamos com as mesmas roupas da noite anterior. Fazemos o que comumente se chama de O PASSEIO DA VERGONHA. Como é que o John Travolta desce a rua com uma música tema depois de dançar a noite inteira e todos acham ele o máximo? No entanto, nós não podemos nem sequer parar um táxi, nem recebemos um "bom dia" amistoso, sem críticas ou equívocos. E DAÍ QUE EU NÃO VOLTEI PARA CASA! O traje estava bacana ontem à noite, talvez pareça ainda melhor à luz do dia. "Ele disse que era capaz de ver até o fundo da minha alma" (tá legal, talvez esse não seja um bom motivo para voltar para casa de manhã!). Às vezes acontecem umas loucuras. O que vamos fazer? Transformar nosso carro em um quarto improvisado para que os outros aprovem? Nunca seguir nossos impulsos quando nossos corações pedem para ir fundo? E por que é que nos importamos com isso? E tem mais uma coisa, quem é que inventou esse negócio de PASSEIO DA VERGONHA? Por que não pode ser "volta de uma boa balada" ou "a volta vitoriosa?" Talvez nos importamos demais com os que os outros pensam.

Então, aqui, agora, vamos mudar isso! NÃO VAMOS MAIS TER VERGONHA DAS NOSSAS FARRAS! Volte para casa como quiser, com uma canção tema ou não, mas de cabeça erguida. É hora de nos orgulharmos de nossas decisões, e lembre-se: a roupa da noite, pode ficar ainda mais linda pela manhã.

Quando seu Relacionamento Dá de Cara com a...

Mancha Marrom

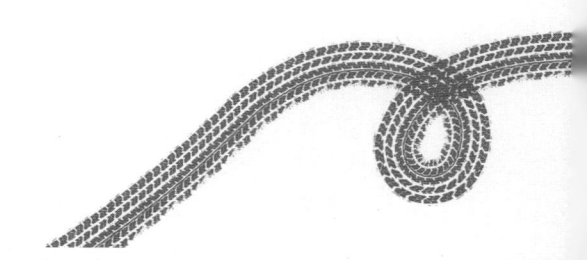

O que vou dizer agora não é para quem tem estômago delicado, portanto, cuidado. Em relacionamentos onde há muitos grandes momentos, suspense, e instantes onde o mundo para, há também o que gosto de chamar "ai, não, ele não fez isso!" Deixe-me lhes explicar o cenário: é mais um lindo dia no seu relacionamento idílico com o Sr. Perfeito e você decide ser a deusa doméstica do seu homem. Além de escrever seu nome junto com o sobrenome dele, várias vezes em uma folha de papel, o seu outro jeito de fingir que você está gozando de pura felicidade doméstica é lavar a roupa dele, ver suas roupas brancas ao lado das roupas brancas dele, suas calcinhas ao lado das cuecas dele. É o momento em que você não quer que ninguém entre, porque a pessoa ia pensar que você é um caso perdido. E aí, como se você estivesse na primeira fila de um cinema onde está passando um filme de horror, ela aparece. "Aquela" mancha marrom.

Para tudo. A menos que você tenha comido peixe estragado ou pego uma gripe das brabas, que dá diarreia, simplesmente não há desculpa para isso. ESFREGA COM MAIS FORÇA! E se você souber que há uma chance de ficar alguma marca, lave-a você mesma, ou queime a peça. Da primeira vez que eu vi a "Mancha Marrom", a princípio as coisas não correram muito bem. Soltei um grito e corri para o outro lado da casa. Por quê? Não sei. Talvez eu tivesse pensado que ela ia sair, que ia embora sozinha, ou que eu estava só sonhando. Depois, com a música do *Rocky* tocando na minha cabeça, decidi que nenhuma mancha marrom asquerosa ia me deprimir. E voltei! Agarrei aquela cueca, usando fio dental para suspendê-la, é claro, e a joguei na máquina. Eu me senti uma mulher de verdade. Sabia que muitas e muitas mulheres tinham lavado manchas marrons antes de mim. Eu me senti uma amélia, pronta para aturar qualquer coisa que o mundo tivesse a oferecer. Imaginei se ia olhar para ele de um jeito diferente, prestar mais atenção no que ele estava comendo, e me perguntei se eu ia encontrar aquilo de novo. Aliás, depois dessa, ele passou a lavar as próprias roupas.

Dilema Natural

Então, você saiu com seu namorado, e está na hora do café da manhã, no seu restaurante predileto. O sol está brilhando, sua pele o reflete de forma perfeita. Os olhos dele ainda estão meio inchados depois de acordar, os cabelos ainda despenteados são irresistíveis, e ele não consegue parar de olhar para você. O tipo de olhar que você espera que outras mulheres vejam porque (a) você quer testemunhas e (b) você sabe que, por um breve momento, elas sentirão inveja e desejarão estar com ele. Ah, mas ele não está com elas mesmo! Ele é seu, e está feliz da vida de ser escravo do brilho no seu olhar! (P.S.: O brilho resulta do olhar de desejo do seu namorado.) E aí acontece uma coisa. Ai, meninas, isso já aconteceu com todas nós. Quando ele diz: "VOCÊ É A MULHER MAIS BONITA DO MUNDO. EU ADORO QUANDO VOCÊ NÃO USA MAQUIAGEM. QUERO ESTAR COM A MULHER

MAIS BELA DO MUNDO, QUE VESTE MOLETOM E SEM MAQUIAGEM, PARA SEMPRE."

Você fica confusa, por muitos motivos. Primeiro, você vai ter de esquecer o dinheiro que gastou em produtos para se embelezar, mas, também, o que é ainda mais importante, toda aquela preocupação que você teve, durante anos, pensando em como poderia eliminar supermodelos, para poder ser notada. Levantar-se duas horas antes dele para se maquiar de modo que ele não a veja sem a máscara. Preocupar-se porque fulano não ligou, pois conheceu alguém mais bonita. Acabou. Nunca mais. Foi preciso apenas um homem, o seu gato, para fazer você se sentir mais linda do que podia ter imaginado antes. Deixa pra lá a ideia de queimar o sutiã, você quer é botar fogo em tudo! Em todos os produtos. E sentir-se livre, na sua beleza desnuda. Então, você o beija – lhe dá um beijão daqueles –, e diz que vai lhe agradecer agora e mais tarde também. Você se recosta na cadeira e se sente como a rainha que é. Olha em torno de si, para as outras mulheres, e imagina se elas tiveram um momento assim, e, se não, deseja que tenham. Você é a Heidi Klum ao natural, andando pela passarela da despreocupação, e todos querem o que você está vendendo. (De repente, o DJ arranha o vinil.) QUE DIABO FOI ISSO?! O seu namorado acabou de olhar para outra moça? E não só com os olhos, mas até virou a cabeça? E também para a moça da capa da Vogue de março, bem-vestida e maquiada? E está mesmo tentando fazer de conta que não viu que eu vi?

E por que é que esse safado acabou com a minha alegria? Isso já aconteceu com todas nós. Comigo, vezes demais. E eu, pessoalmente, jamais vou entender. SÓ UMA PER-

GUNTINHA RÁPIDA, GATOS: Se vocês nos amam, sua parceira, sem maquiagem, mas viram a cabeça para a moça que passou quatro horas no banheiro, o que devemos fazer? E as desculpas são de deixar qualquer uma arrasada. Um cara disse, com estas mesmas palavras: "Amor, eu não estava olhando para aquela moça, meu pescoço estava doendo e eu estava alongando o músculo". O segundo cara falou: "Moça? Que moça? Pensei que fosse um homem". E a minha desculpa predileta, do terceiro cara: "Sabe, muita gente já notou que é difícil para mim me concentrar em uma coisa só; talvez eu tenha Distúrbio de Déficit de Atenção, do tipo que dá em adultos".

Francamente, eles fazem qualquer coisa para proteger o direito de olhar. Admirar a beleza de alguém é natural, mas virar a cabeça, de boca aberta, babando, após dizerem que nos adoram sem maquiagem, e depois ficarem olhando para a Top Model do comercial, é muito difícil de engolir. Então, o que tudo isso significa? Eles deviam ser todos mortos, é o que isso significa, disse o garotinho daquele filme, *O Iluminado* (perdão, mas acho que foi minha voz interior falando). Será que devíamos exprimir como isso nos faz sentir? Ou será que nós, e isso parece fácil, aceitamos isso como algo inofensivo que os homens fazem? A menos que eles larguem a gente no restaurante para seguir o rabo de saia até em casa, não devemos nos preocupar. Pode ser irritante, mas não se preocupe. OS HOMENS NUNCA VÃO DEIXAR DE OLHAR AS OUTRAS.

Portanto, da próxima vez que isso acontecer, não se incomode. E não importa o que sua voz interior lhe diga, você sabe que, se ele a deixasse, estaria cometendo seu pior engano. Para as extremamente inseguras, categoria na qual às vezes me encaixo: nunca deixe o olhar inquieto dele fazer você se sentir como se não fosse boa o bastante. É como um cachorro saciado e satisfeito. Não precisa de comida, nem quer comer, mas se a comida estiver por perto, ele pede mais. E lembre-se, nossa natureza é querer o que não temos. Por outro lado, mesmo que os caras gostem de olhar outras, e seja parte da natureza deles, blá, blá, blá, isso não devia acontecer, se machucar você. Se você fica magoada com isso, fale com ele. E para os caras que possam estar lendo este livro, sejam delicados. Olhar para outras moças enquanto estamos por perto nos entristece. E além disso, talvez alguns de vocês devessem estar satisfeitos com a mulher que têm. Em um relacionamento, não olhe para trás, nem para a frente, olhe para o seu lado. Você provavelmente tem mais sorte do que imagina. Digo isso a todos. Amor e relacionamentos são realmente complicados, e fazer seu parceiro ou parceira se sentir como se você preferisse estar em outro lugar não ajuda em nada. Há muita gente no mundo com a qual estar, e sempre haverá alguma outra pessoa que seja mais inteligente, mais bonita ou mais interessante.

Se as moças estiverem tentando chamar a atenção, os caras vão captar isso. Eles não estão namorando você e procurando outra pessoa ao mesmo tempo. Estão só fazendo o que meu namorado e eu chamamos de "o registro". Estão registrando o sexo oposto como uma ligeira forma de aliviar seu velho lado de solteiro, e exercendo seu direito de poder olhar, sem que isso destrua você. Isso não significa que eles queiram abandonar você e começar uma outra vida com toda menina para a qual olham (é isso que nós pensamos). É estritamente físico, e não emocional. Aliás, nós, como mulheres, também devíamos registrar! Senhoras e senhoritas, tentem aceitar os homens como eles são, e não entendam isso como uma afronta pessoal. Rapazes, sejam mais sensíveis para com suas parceiras, e se tiverem que olhar para alguém, PELO AMOR DE DEUS, USEM ÓCULOS ESCUROS!

MUITO BEM...

O livro, oficialmente, foi sequestrado por um HOMEM, que é divertido, tenho certeza, e consegue ler a mente feminina. Espero que você, enquanto lê as páginas seguintes, as considere tão esclarecedoras e inspiradoras quanto eu. É verdade que, para ser fiel à natureza feminina, eu tive de intervir de vez em quando!

Estou Sendo Intrometida ou o Meu Bumbum Está Parecendo Grande?

(os homens esperam que sim...)

"**E**u gosto de buzanfã e não sei mentir..." Cara, os *rappers* são verdadeiros gênios. Nunca disseram palavras mais verdadeiras. O traseiro feminino vem sendo objeto de fascinação para o sexo masculino desde a Idade da Pedra.

Estou aqui para lhe dizer, como homem, gato, ou seja lá como for que vocês queiram me chamar, do que é que nós REALMENTE gostamos. Gostamos do seu BUMBUM, e gostamos dele GRANDE. ♥ ♥ ♥ *Ei, espera só um segundinho aí! É a JLH que está falando! Eu tenho que me intrometer! Será que ouvi um homem dizendo que gosta dos nossos traseiros? E grandes? Se é assim, por que foi que passamos os últimos dez anos nos autotorturando? Por que não ficamos sabendo disso antes, e onde fica a doceria mais próxima? Desculpe, pode continuar.* ♥ ♥ ♥ É a última impressão que nós, homens, temos de vocês quando estão se afastando de nós. É como os créditos finais de um filme. É o que imaginamos que seja algo que podemos apertar e segurar firme. Uma coisa que vai nos aquecer e nos proteger das tempestades tropicais porque podemos nos abrigar debaixo dela. Mas, por algum motivo, que não sei qual, nos últimos trinta anos, alguém achou que os bumbuns deviam ser menores, minúsculos, feito os dos menininhos de dez anos, até. O QUÊ? @#$%%? (BARULHO DE AGULHA ARRANHANDO DISCO).

Senhoras, deixem-me dizer-lhes uma coisa. Parem de tropeçar no seu próprio rabo. Deixem seu homem decidir o tamanho que ele deve ter. ♥ ♥ ♥ *É a JLH de novo! Muito bem, ele pode decidir o tamanho, mas ainda sou eu que vou ter de levá-lo dentro das calças! Você quer um bumbum maior? É só falar. O que você quiser, meu querido. Desculpe, pode continuar.* ♥ ♥ ♥ Se você olhar para a história dos filmes – Olivia de Havilland nos anos 1960, 1970 (especialmente os filmes do Russ Meyer); Kelly LeBrock nos anos 1980; J. Lo e a Salma Hayek nos anos 1990 etc. –, as mulheres sempre tiveram uns traseiros grandes, arredondados, lindos. Notaram como eu não mencionei a Cate Blanchett e a Nicole Kidman na frase acima? Mulheres lindas, classudas, mas sem nenhuma bagagem no porta-malas. (Muito embora, eu deva dizer, que, quando se trata das inglesas, a Kate Winslet é uma tremenda popozuda.)

Nós homens adoramos o traseiro de vocês. Primeiramente, mais carne para o rebolado, e mais curvas onde viajar. ♥ ♥ ♥ *Ah, vocês já sabem quem é que está falando, né? Se eu pudesse comer um hambúrguer duplo tamanho gigante* agora, e dançar rebolando num poste de strip-tease, eu faria isso. Mulheres de toda parte: prestem bem atenção. Um homem que conhece outros homens e vive cercado por um monte de mulheres belas e magras, quer que você seja bem fornida. Digam-me se este não é um dia maravilhoso!* ♥ ♥ ♥ Mulheres violão, com muitas curvas, são as que deixam os homens excitados, não as SEMBUNDINAS (Sem Bunda Nenhuma). Isso mostra que nossas mulheres são *sexy*, vigorosas e gostosas. Quando vemos uma mulher com uma buzanfa tamanho G sentimos vontade de beijá-la, dos pés à cabeça, e depois de pular em cima dela como um goleiro pula nos pés do atacante dentro da pequena área no Maracanã.

Sinto que as mulheres de alguma forma (talvez quando começou essa mania de aeróbica... vai para o inferno, JANE FONDA!!!!) perderam o contato com o que os homens desejam e estão tentando ir contra o que naturalmente faz os homens ficarem excitados.

Deixem-me dizer a vocês uma coisa, OS HOMENS NÃO GOSTAM DA OLÍVIA PALITO! Eles querem uma mulher como aquela do filme *O Ataque da Mulher de 15 Metros*. É uma coisa que tem a ver com a nossa genética, meninas. Façam uma busca no Google. Detesto ver mulheres eternamente preocupadas, dizendo: "Essa calça faz meu bumbum parecer grande demais?" Nossa, espero que sim. ♥ ♥ ♥ *Sim, você adivinhou, é a JLH outra vez. Eu só preciso dizer... o quê? Meu Deus, eu amo este homem! E onde é que esta colônia secreta de adoradores de bumbum tem estado? Não queremos perguntar se nossos traseiros estão parecendo muito grandes. Mas pensávamos que qualquer coisa acima de um tamanho PP, que nem mesmo é um tamanho, fosse estritamente proibi-*

da. Uma vez mais, desculpe por interromper, conte-nos mais! ♥ ♥ ♥ Homens não gostam de varapaus. Estou falando sério, meninas. Gostamos de mulheres suculentas e firmes, ou suculentas e rebolantes. Já ouviu um homem dizer, alguma vez: "EI, OLHA SÓ AQUELE TRASEIRO! É TÃO CHATINHO, PUXA QUE LEGAL, DEIXA EU CURTIR UM POUCO MAIS!!!"?

NÃÃÃÃO. Parem de acreditar nas revistas, minhas senhoras. Não é verdade. Estas modelos são umas mocreias esfomeadas que sobrevivem à base de café, cigarros e remédios para emagrecer – e a maioria parece que tem 15 anos. ♥ ♥ ♥ JLH está SUPERfeliz por você ter dito isso! Como mulheres, se nós disséssemos isso a alguém, levaríamos um tapa na cara. E por falar nisso, permita-me um P.S.: você já viu alguma cocota magérrima com um sorriso no rosto? Não. *Está sentindo fome demais.* ♥ ♥ ♥ Ser neurótica de medo de ter traseiro grande não atrai nenhum homem. Para os homens, atraente é assumir sua gostosura e desafiar seu homem a tentar conquistá-la. Atraente para os homens é a sua atitude, e a atitude está no olhar... quando você olha para nós e vemos que você tem confiança em quem você é. É isso que nos deixa assanhados porque pensamos: "Caramba essa gata sabe o que quer. Espero que ela me escolha". Imaginem que até a palavra "voluptuosa" virou palavrão para muitas mulheres? É ISSO QUE OS HOMENS QUEREM!!

Eis um exemplo: Vocês já viram uma mulher grandona? Ela tem seios grandes, bumbum grande e pernas grossas. Usa salto alto e calças meio apertadas. Conheço moças que olham para ela e dizem: "QUEM ela pensa que é com toda essa bagagem extra? É melhor dar um jeito NISSO TUDO."

Ora, minha senhoras, permitam-me dizer-lhes que os homens olham para ela e dizem: "Uau! Quero domar essa leoa. Quero domar a fera!" Vocês se lembram de terem visto mulheres assim, e talvez você seja uma. Essas mulheres deviam ser adoradas, porque têm autoconfiança no seu tamanho, e os homens adoram autoconfiança. ♥ ♥ ♥ *Eu de novo! Devo dizer que tudo isso é chocante e maravilhoso. Talvez eu até seja capaz de me sentir bem numa calça* jeans *comendo meio litro de sorvete. Deus te proteja, Jamie Kennedy.* ♥ ♥ ♥ Se você assumir quem você é, os homens vão querer assumir com você. Aprecie-se, e os homens também a apreciarão.

E isso me recorda uma coisa: mulheres costumam ser duras com outras mulheres. Vocês são uma irmandade. Deviam se defender. ♥ ♥ ♥ *Desculpe ficar me intrometendo assim, toda hora... mas você tem razão: somos mesmo irmãs, só que algumas de nós não se tocam e agem de forma mesquinha, o que nos torna defensivas e críticas. Mas, apesar de tudo, fiquei muito feliz com essa sua opinião sobre os nossos traseiros. Vou procurar ser mais generosa com as outras mulheres.* ♥ ♥ ♥ É verdade. As mulheres vivem falando mal umas das outras. Olham uma para outra, dos pés à cabeça, e dizem: "Olha só essa aí. Ela esticou os lábios, as maçãs do rosto, o nariz. Credo! Acho que ela mandou foi tirar a cabeça toda e botou outra no lugar!"

Pessoalmente, acho que as mulheres aumentam os seios para competir com outras mulheres, e os homens fazem transplantes de cabelo para competirem com outros homens. Não é para o sexo oposto. Quero dizer, vamos aceitar os seios falsos que vocês tiverem, mas preferiríamos os que Deus lhes deu, pequenos ou grandes. Contanto que vocês se sintam bem, nós nos sentiremos bem, e se vocês quiserem fazer uma pequena cirurgia, porque isso vai fazer vocês se sentirem melhor com sua aparência física, façam. Entrem na faca. Todos nós damos nossas esticadinhas de vez em quando... Mas o que me entristece é ver as mulheres criticando tanto o corpo que pensam que têm, em oposição ao corpo que os homens estão loucos para agarrar. Adoramos seus quadris amplos, seu bumbum grande, seus seios fartos (mais carne para nos aquecer) e sua barriguinha, para onde queremos engatinhar, para lá ficar. Sabemos que ali é um lugar seguro. ♥ ♥ ♥ *JLH... Estão vendo, garotas, existem homens bons por aí!* ♥ ♥ ♥ Só estou dando minha opinião.

– Jamie Kennedy

Encontre um cara que a chame de linda em vez de gostosa, que torne a ligar depois que você desliga o telefone na cara dele, que se deita com você sob um céu estrelado e escuta as batidas do seu coração, ou fica acordado só para vê-la dormindo... Espere pelo rapaz que beija sua testa, que quer exibi-la para todo mundo quando você está de moletom, que segura sua mão na frente dos seus amigos, que pensa que você é tão bonita de maquiagem quanto de rosto lavado. Alguém que esteja constantemente recordando você do quanto ele te ama e como ele tem sorte por ter VOCÊ... aquele cara que vira para os amigos e diz: esta é a mulher da minha vida.

– Anônimo

O Trono Dele e o Dela

O banheiro. O amigo que conhece todos os seus segredos, talvez segredos demais. O lugar sagrado onde nos preparamos para entrar no mundo. A passagem mágica que atravessamos rumo a um grande encontro. Entramos uma gata em potencial e saímos produzidas a ponto de fechar o comércio. É onde um garoto se transforma em homem, com água-de-colônia e uma camisa branca engomada. É mais do que um banheiro, é seu santuário. E aí alguém veio e inventou a moda das duas pias, uma para a mulher e outra para o homem. Que ideia foi essa? A realidade entrou, acabou o mistério. Sou a favor da domesticidade e da divisão do espaço, mas não desse espaço. Eu nem sempre me senti assim. Achava que seria o máximo em matéria de romance, até perceber que não são só os homens que precisam de um pouco de mistério.

Vamos ser francas, não é nada sensual ver um homem cortando os cabelinhos do nariz, esfregando a bunda, limpando as orelhas, ou, pior, descobrir que ele não faz nenhuma dessas coisas! E os homens, definitivamente, não querem nos ver depilando as axilas, tirando as sobrancelhas, passando creme anticelulite, removendo o buço com creme depilador, nem vestindo *shorts* modeladores. (P.S.: adoro esses *shorts*!) Queremos imaginar nosso gato em uma ducha com água pingando dos seus bíceps, seus dentes brancos faiscando no espelho (como o Edward de *Crepúsculo*), mal contendo sua excitação ao nos ver. Isso, sim, é que nos deixa assanhadas! E os caras querem nos imaginar em minúsculas calcinhas rendadas pretas, sapatos de salto alto, com os cabelos metade presos, metade soltos, caindo um pouco no rosto, dançando ao som de "Let's Get it On", perfumando-nos nos lugares certos e vestindo devagarinho nosso vestidinho preto à la Audrey Hepburn. Por isso, digo que dividir algumas coisas é bom, mas não tudo. Que o mistério seja sua arma secreta no romance. Deixe que ele crie uma fantasia a seu respeito, e você, em troca, aproveite o tempo que passar sozinha nesse aposento mágico que é o banheiro. Vá por mim, nenhum homem ficará ofendido porque você quer ter seu próprio banheiro. Aliás, pode ser que você até seja a mulher dos sonhos dele.

WWW.FECHAOZIPER.COM

Você já falou mal dos outros sem conseguir se conter, como quem vomita uma refeição estragada? Eu sofro desse mal diariamente. Preciso de alguém que invente um zíper para a boca. FALANDO EM ZÍPERES, vocês não acham desprezíveis os homens e mulheres que não têm valores morais nem autocontrole, com um comportamento tão depravado que nem conseguem fechar os seus zíperes... Epa, veja só do que estou falando... não tenho o menor autocontrole! FALANDO EM CONTROLE, você não gostaria de virar as costas durante cinco segundos sem que alguma vadia desmiolada tente transformar o amor de sua vida no seu lanchinho da tarde... epa... fiz de novo! Inventores, por favor, ouçam minha súplica: ZÍPER PARA BOCAS. E, a propósito, aqui vai uma ideia inovadora. Deixem as pessoas se amarem. Se vocês virem duas pessoas felizes, não se metam.

Simplesmente saibam que essas destruidoras da felicidade alheia nunca vão penetrar no íntimo do coração que ocupamos. Vou lhes dizer por que essas pessoas existem: é para nos mostrar em quem podemos confiar. Sempre haverá mulheres fáceis e homens vulgares, mas também sempre haverá mulheres e homens bons, e até melhores, que não vão deixar de lado quem eles desejam de coração porque alguma coisa nova foi acrescentada ao cardápio. É nossa missão transmitir nossa luz e compreensão a essas almas depravadas porque, no final das contas, deve ser muito triste se amar tão pouco, a ponto de querer virar objeto de gozação, o assunto dos *happy-hours*, ou, pior ainda, motivo pelo qual alguém vai descobrir que é difícil amar e confiar de novo. Acho que não dá para fechar o zíper quando se trata disso.

Vamos Brincar de "Nós"

Este jogo, minhas senhoras, é meio perigoso. O "nós" não é só uma brincadeira. É quando, por exemplo, ajudamos nossos homens a passar do "eu" para o "nós".

ELE: "Vou jantar às 20h."

NÓS: "Não, na verdade, *nós* vamos jantar."

ELE: "Acabei de voltar das férias que passei no México."

NÓS: "Não, na verdade, *nós* acabamos de voltar das férias que passamos no México."

Não acredito, nem por um minuto, que essa seja uma estratégia masculina, um motivo para não se comprometer. Acho que é uma total inconsciência do esforço que é necessário em um relacionamento com outra pessoa. Eles estão acostumados a viajar sozinhos, ao passo que as mulheres tendem a viajar acompanhadas. Nós, por exemplo, desde pequenas, vamos ao banheiro juntas. Eles vão sozinhos. Eles vão ao estádio assistir jogos de futebol. Nós vamos tomar drinques com as amigas. Eles bancam os mochileiros e viajam pela Europa. Nós vamos passar os fins de semana com as amigas na praia. Eles gostam de brincar sozinhos (vocês sabem do que estou falando). Nós preferimos não brincar sozinhas (também sabem sobre o que estou me referindo). Não dá para exigir que os homens não façam isso. Nós temos de ajudá-los. Quando eles dizem "eu", ajude-os, dizendo "nós". Se você e o seu gato estiverem com outras pessoas e ele disser: "Eu comi num restaurante excelente ontem à noite", simplesmente prossiga dizendo "Sim, nossa refeição foi fantástica!" Ele vai acabar mudando a sua forma de pensar.

E os homens devem relaxar; só porque queremos incluir vocês no momento, com o poderoso "nós", isso não significa casamento. As mulheres não pensam que "nós" significa a casa, o cachorro, a conta conjunta, o casamento, filhos e o fim (ora, talvez algumas pensem, mas nós não somos desse tipo). Para as mulheres, é só um pequeno passo, uma delicadeza rumo ao autêntico respeito para conosco. É incluir-nos na sua vida, e não mostrar medo de dividir sua existência. É importante para ambos os sexos manter suas identidades, mas, às vezes, também é importante compartilhar. Tentem, simplesmente, estar mais conscientes, rapazes, e vocês, mulheres, deem-lhes uma mãozinha. Podem confiar em mim, "nós" todos seremos mais felizes.

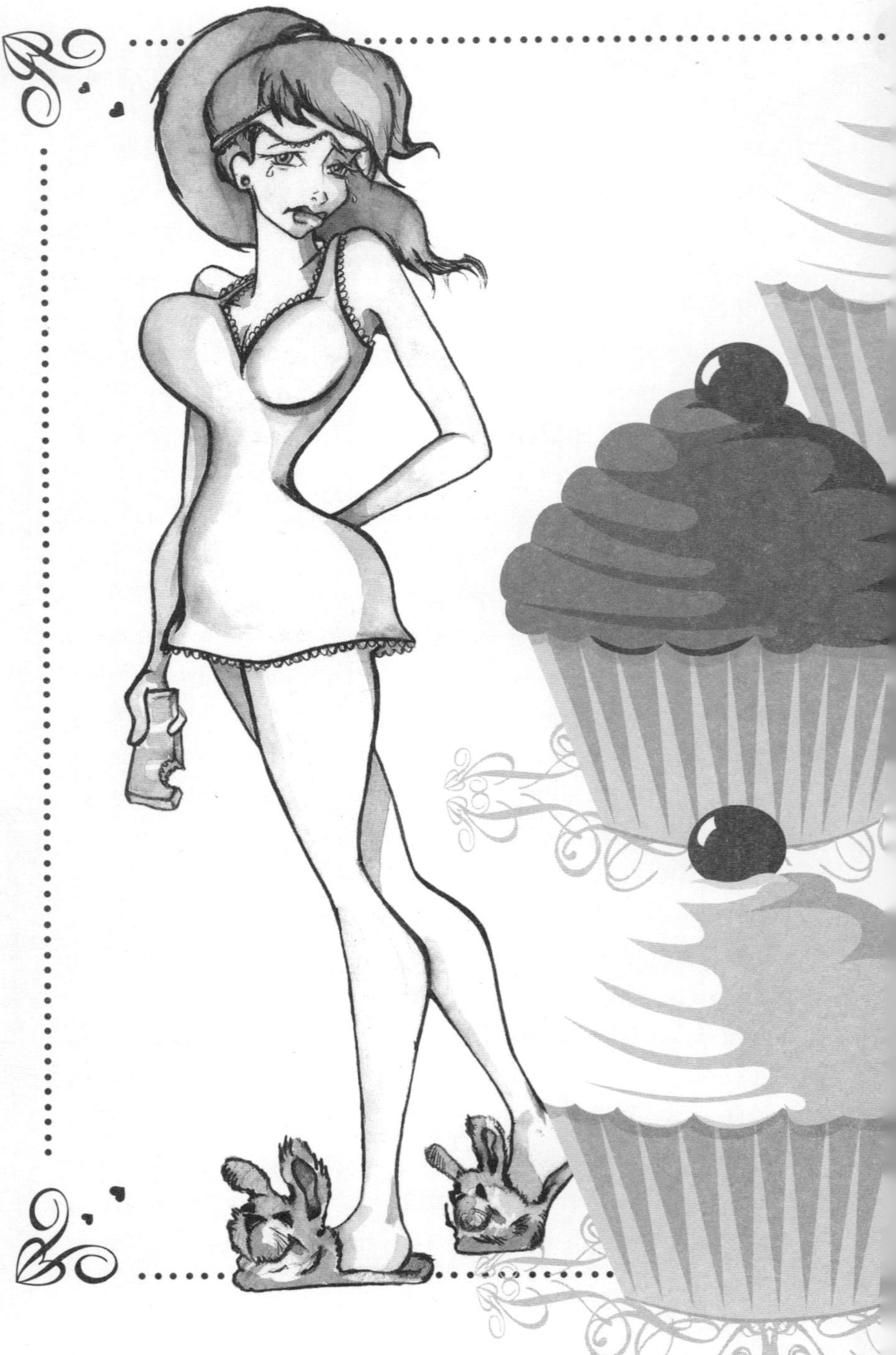

Romper um relacionamento é fácil; difícil é

Sobreviver

após o rompimento

(Não dá para viver com eles, não dá para viver sem eles, e também não podemos matá-los!)

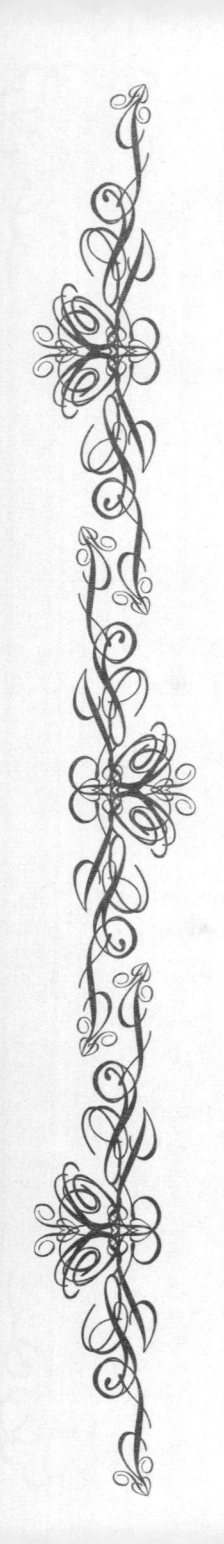

Apaixonar-se é terrivelmente simples.
Mas romper um relacionamento é
simplesmente terrível.

– *Anônimo*

Comporte-se como a Grande Mulher que Você é e Dê a Volta Por Cima

Rompimentos, despedidas, finais de relacionamento, seja lá como for que você os veja, são penosos. Parece que estamos sendo atropeladas. A gente não sabe como vai sair da cama, voltar a comer ou parar de comer. Ficamos chorando o tempo todo e contando a história, recriminando-nos por não termos percebido mais cedo ou nos comportado de forma melhor. Ele passa de amor da sua vida a ex-namorado e, depois, a cafajeste, transformando-se, em seguida, em meio censurado e, depois, simplesmente a censurado total. As estações de rádio só tocam músicas torturantes. As comédias românticas aparecem em todos os canais. E agora os casais, sempre muito felizes, comendo em restaurantes ou fazendo compras no supermercado, por algum motivo estranho, param e sorriem para você. Você começa a notar gatinhos, porque logo vai estar morando sozinha com noventa gatos e uma samambaia. Todas as frutas que você adora vêm em cachos ou pares... Até as frutas te odeiam! Na única vez em que você sai sozinha, o cara e a garota ao seu lado abordam você e lhe pedem para tirar a primeira foto deles como namorados (isso aconteceu de verdade comigo, no dia depois daquele em que precisei terminar meu noivado). Seus olhos estão tão inchados, quase fechados de tanto chorar, que é impossível ver seu futuro. Até mesmo os idosos e os bebês, que você nunca consegue odiar, agora parecem horríveis, porque os bebês não sofrem e não podem perceber seu sofrimento, e os velhinhos não precisam se preocupar em encontrar outro par. E aí, uma hora, quando todos já fizeram você passar o inferno em vida, isso tudo precisa acabar. Como uma cavalgada de anjos com abas de absorvente tamanho grande, como asas, chegam as suas amigas: "COMPORTE-SE COMO A GRANDE MULHER QUE VOCÊ É E DÊ A VOLTA POR CIMA!"

E você supera, porque: (a) você comeu tanto que não tem remédio senão ser uma "grande" mulher e (b) viver deprimida não é produtivo. Se for preciso, finja que é feliz durante algum tempo, que seu estado de espírito acabará acompanhando seu esforço físico. Lembre-se, depois da tempestade sempre vem a bonança. E quando a bonança vem, tudo fica uma beleza. Acabei de passar por isso e consegui sobreviver. Meu autorrespeito renovou-se. Consegui olhar para dentro de mim e descobrir quem eu verdadeiramente sou. Sei que sou do tipo que se casa e que consegue permanecer em um relacionamento duradouro, mesmo que ele não seja a pessoa certa. E agora sei que consigo me recuperar de qualquer perda. Às vezes, é nos piores momentos que a gente aprende mais sobre a gente mesma, e quanto mais nos conhecemos, menos nos deixamos enganar.

Foi um *Vagelezamento!*

Eu estava jogada às baratas, tentando me recuperar da minha desilusão. Tentando ter alguma ideia para sair da fossa. Aprendi a fazer fantoches de crochê, porque qualquer cara que eu namorar depois vai querer que eu saiba fazer isso, né? ☺ Aperfeiçoei minha voz ao declarar: "Esqueci este cara, agora é bola pra frente". Minha maior descoberta foi quando percebi que se a gente olhar para o teto e começar a contar às onze e meia, às quatro da matina já chegamos a 1.486. Estou maravilhada por ter descoberto isso. Parece muito com álgebra... mas não é! E foi então, em algum ponto entre o programa de entrevistas da madrugada e o da manhã, que eu me toquei. Aquela lâmpada que eu estava esperando se acendeu, a MELHOR IDEIA QUE EU JÁ TINHA TIDO NA VIDA. Eu precisava de um bronzeado artificial!!!!!!!!!!!!

Que é que isso, minha gente, eu tinha de sair dessa, um bronzeado artificial estava me parecendo uma ótima ideia depois de 1.500 conversas com o cachorro. Era hora de convidar alguém para vir à minha casa, e trazer um pouco de cor consigo. Isso mesmo, logo eu seria um café sabor *macchiato* caramelo ambulante. Angelique era o nome daquela mulher mágica. Ela seria a primeira pessoa com quem eu conversaria em semanas, e aquela que ia me transformar, me cobrindo com uma camada de *spray* cor de cacau. Quando ela chegou, eu estava tão animada para começar minha transformação, que a cada camada de cor aplicada minha autoconfiança ia aumentando.

Ela me falou de uma nova tendência em estética. Não modificaria minha aparência externa, mas a forma como eu me sentia por dentro. Ela disse que ia acrescentar brilho à minha vida. Eu apelidei essa técnica de "VAGELEZAMENTO". Ela queria aplicar cristais Swarovski na periferia da minha preciosa. A falta de tráfego no meu túnel do amor, naquele momento, e meu medo de ficar deitada ali, sóbria e nua, deixando uma mulher aplicar cristais sobre a minha periquita, me fizeram hesitar. Então me perguntei por quê. Eu não conseguia entender por que eu poria cristais nas minhas partes íntimas se não havia ninguém para vê-los, mas estava errada. Eu devia fazer isso por mim. Devia ser uma coisa assim, como usar o meu casaco jeans preferido dos anos 80, somente para eu mesma me deleitar contemplando os cristais. Então me deitei. A aplicação foi muito rápida, e não me senti constrangida em nenhum instante. E o que vi quando o espelho e eu nos encontramos foi deslumbrante. Aquela moça, antes branquela, triste, que não sabia como superar o noivado rompido, tinha se transformado em uma deusa sensual, toda bronzeada, com a preciosa mais brilhante do bairro.

Durante a semana seguinte, senti uma necessidade incontrolável de mostrar a todo mundo minha apurada decoração de cristais. Graças a Deus, combati esse impulso e consegui restringir o número de membros do fã-clube a uma só. É verdade; eu tinha começado um caso com a bola espelhada de discoteca da minha região púbica, e quando vi, já estava me sentindo bem de novo. Então, se você perceber que está entrando na fossa, ou simplesmente quiser ter um segredinho faiscante embaixo da sua calça, vá em frente! Aumente sua autoconfiança e saia do buraco, seja lá como for. Mas nada de deslumbrar... o negócio é VAGELEZAR!

Mesa para Um

Muito bem, aqui estou eu, comendo sozinha. Não é que eu queira parecer carente, mas nunca fiz isto antes. Nunca pedi comida sem alguém com quem debater as opções. O garçom nunca disse: "Só a senhora? [pausa para um sentimento estranho de comiseração por mim mesma] Por aqui, madame." Por que é que ele me chamou de madame? É porque estou sozinha? Sentada em um restaurante quase totalmente vazio, noto que todos aqui estão sozinhos. Será que todos esses clientes atenciosos vieram me apoiar, sentando-se sozinhos em suas mesas também? Será que este restaurante se chama Mesa para Um? Ou será que estou em um desses hotéis para gente que viaja a negócios, onde todos, em geral, estão sozinhos? É ao mesmo tempo comovente e triste, de certa forma, observá-los, tão incomodados por estarem sós que todos estão ao telefone. Até eu. Por mais pessoas para as quais eu ligue, não consigo preencher o vazio entre o momento em que o garçom pergunta "Mais água, madame?" e aquele em que ele traz o meu prato.

 Afinal, por que é que nós não conseguimos ficar sozinhos? O que há de errado em rir consigo mesma de alguma coisa engraçada que aconteceu durante o dia? Dizer baixinho: "Puxa, como está gostoso este prato!" Talvez seja porque quando você pode contar uma história engraçada a alguém, isso também alegra a outra pessoa, e uma risada compartilhada é algo que nos reconforta. E talvez compartilhar algo gostoso com alguém de quem você goste e que também goste de você o bastante para almoçar ou jantar com você seja o objetivo desta nossa vida. Depois de umas conversinhas comigo mesma, duas margaritas e uma refeição muito saborosa, decidi que eu não sentiria vontade de ficar sozinha de novo tão cedo.

Em Quem Podemos Confiar?

Você alguma vez prestou atenção na palavra *confiança*? Quero dizer, todos já falamos sobre ela, a sentimos, não a sentimos, a demos e nos arrependemos, ou quisemos muito ser capazes de dá-la, mas estávamos tão perseguidos pelos fantasmas do passado que não pudemos. Porém, será que realmente olhamos bem para ela? Eu olhei hoje, pela primeira vez. Escrevi a palavra em uma folha de papel, e a estudei como se fosse o código de Da Vinci. E percebi algo bem no início desta palavra de nove letras. A resposta que todos buscamos, mas não podemos ou não queremos ver, no início da palavra *confiança* é a palavra *com*. Sim, isso torna difícil pôr a culpa dos nossos problemas só nos outros.

Talvez encontrar confiança seja tão difícil porque ela não se resume em olhar só para o outro. Talvez inclua olhar para dentro de nós mesmos. Quando as coisas ficam difíceis e assustadoras, será que o outro pode confiar em nós, ter certeza de que não vamos fugir? Quando você se sente insegura ou ameaçada, e já perdeu a confiança em alguém antes, vai conseguir ter confiança outra vez, ou vai viver com medo de sofrer de novo?

 Realmente encontrar a capacidade de confiar é a coisa mais difícil de se fazer nesse mundo. Eu ainda estou tentando encontrá-la. Por que quando alguém trai a gente, parece que alguma coisa morre dentro de nós. Mas também existe alguém que vale tudo que a gente tem para dar. Dê uma boa olhada em si mesmo. Confie, antes de mais nada, em si mesma e só depois confie nos outros. Tudo vai dar certo... confie em mim.

Amor significa comprometer-se sem garantia, dar-se completamente na esperança de que nosso amor produza amor na outra pessoa. Amar é um ato de fé, e aqueles que têm pouca fé também amam pouco.

– *Anônimo*

Você Me Ama, Você Me Ama Mesmo...

Ou Talvez Não

Não sei como você é, mas eu sou muito forte. Não é qualquer coisa que me derruba ou me deprime. Só que descobri uma diferença entre meu eu interior e o exterior. Se alguém atacar meu lado intelectual, meu corpo ou minha imagem, eu me saio bem da situação. Certamente não gosto, mas bem lá do fundo de mim vem uma coisa que me defende e não deixa isso me arrasar. Só sinto o baque, mas depois me recupero. Porém, quando se trata do meu coração, qualquer crítica impiedosa da minha capacidade de amar me arrasa. Alguém que ataque o meu coração me faz sentir como se eu tivesse levado um tiro. Perco toda a capacidade de ser forte. E aí é que vem a parte realmente ruim; sei que não sou só a única: as pessoas podem dizer coisas legais o dia todo que eu nem ouço, ou me esqueço delas, mas só uma coisa negativa que elas digam parece que está sendo dita com um megafone encostado diretamente no meu tímpano! Por que é que sempre acreditamos nas piores críticas?

Acho que é porque quando amamos de verdade, ou estamos no auge da felicidade, ficamos mais vulneráveis. Também acho que é extremamente simples. Todos nos importamos com o que os outros pensam de nós; não tente fingir que você não se incomoda, porque eu sei que se incomoda. E se alguém não gostar de você por fora, podemos considerar uma opinião ou gosto, mas se alguém não gostar de como somos por dentro está atacando nosso modo de ser. A vantagem, porém, é que todos nós passamos por isso, e em geral nos fortalecemos. O lado negativo, porém, pode ser devastador. Se andarmos por aí carregando nas costas uma mochila cheia das nossas piores críticas, nós as levaremos sempre conosco. A única forma de derrotar uma crítica negativa é esquecer-se dela. Por favor, não a leve consigo, não é saudável. E NUNCA mude seu modo de ser por causa de uma crítica negativa. Lembre-se do ditado: opiniões são iguais a bundas... ora, vocês sabem o que quero dizer... todo mundo tem uma! E vamos ser francos, a maioria dos críticos são pessoas inseguras, insatisfeitas com sua própria personalidade.

Por favor, saiba que implicâncias e comentários negativos acontecem em qualquer relacionamento, mas arrasar alguém nunca é bom. Uma crítica negativa feita por um namorado não significa que você seja horrível como pessoa – significa que você talvez não seja a pessoa certa para quem a criticou; e por que você vai querer ficar com alguém que se sente assim? Tudo bem se a pessoa cobra mais do parceiro ou pede para ser amada de forma diferente, mas nunca é justo ferir o coração do outro. Os "assassinos do amor", que é como os chamaremos de agora em diante, só aprendem como podem ser destrutivos quando veem o resultado da sua ação.

Por isso eu lhe peço: da próxima vez que você enfrentar um desses assassinos amorosos nos becos escuros dos relacionamentos, seja forte, enfrente a crítica, olhe-o bem de frente, direto nos olhos, e diga: "Obrigada, vou tentar melhorar isso quando encontrar meu próximo namorado". Diga a ele ou a ela que você não está mais a fim de continuar o namoro e se afaste. Em dois segundos você terá neutralizado a crítica do assassino amoroso, sido mais forte do que eles jamais pensaram que você seria, e desviado a flecha da crítica negativa que ia cravar-se bem no seu coração. Algumas pessoas pensam que a primeira impressão é a que fica; eu, não; ao contrário, acho que é a última.

Mexa-se!

Malhar com uma treinadora pessoal salvou minha vida. Ter uma amiga, companheira do sexo feminino, para me motivar, revelou-se a melhor decisão que já tomei até hoje. Sim, é por causa do amor de novo. Malhar realmente me ajudou a superar o sofrimento. Stevie, minha fabulosa *personal trainer*, teve a bondade de dividir seus segredos com vocês. Portanto, para que todas comecem a se recuperar, que comece a malhação!

– JLH

Em geral, há três coisas a fazer depois que seu coração foi atropelado: (a) correr para uma sorveteria; (b) seguir o caminho da Alanis Morissette em *Jagged Little Pill*, ou seja, cantar a "Melô da Vingança/Mulher Poderosa" ou (c) a menos popular das opções, chamada "cuide de si mesma, respeite sua perda, e crie uma situação de autoestima". Do que é que estou falando quando digo isso? Você precisa se mexer. E suar! Mesmo que sejam só vinte minutos por dia. Voto no movimento, opondo-me à imobilidade. Cada pequena coisa que você fizer por si mesma é importante. Você é importante. Tento usar essas "oportunidades" infelizes, porém inevitáveis, para me sintonizar de dentro para fora, para sair mais forte, mais integrada, mais sadia dessas situações.

O amor sempre zomba de mim por causa da minha afeição por Einstein, revistas chatas de medicina e outras áreas científicas intelectualoides. Mas vejam bem, baixos níveis de endorfina e serotonina nos fazem preferir comidas com maior teor calórico, açucaradas e mais gordurosas. As endorfinas e a serotonina são hormônios que nosso corpo fabrica naturalmente. Quando os níveis desses hormônios estão baixos demais, além de começarmos a sentir uma vontade irresistível de comer certas coisas, ficamos estressadas, nervosas e irritáveis. Quando temos uma quantidade suficiente desses hormônios no corpo, nos sentimo calmas, confiantes e bem equilibradas. Não é coincidência o fato de querermos nos consolar só comendo coisas doces e gordurosas quando passamos por fases de desequilíbrio emocional. Estamos procurando regular nosso humor. Esses açúcares e gorduras nos dão aqueles mesmos sentimentos de alívio, satisfação ou anestesia que os hormônios, PORÉM começam um ciclo ininterrupto no qual sentimos falta constante dos doces e gorduras, tentando obter os mesmos sentimentos de alívio do começo. Portanto, francamente, essas coisas que comemos para nos consolar não são tão consoladoras assim, quando paramos para realmente pensar no caso.

Por isso, o MELHOR modo que conheço de fazer com que essas substâncias químicas naturais comecem a fluir para que nós nos sintamos melhor e recoloquemos nossos corações nos nossos peitos, onde é o lugar deles, é malhar!! Exercite-se e exorcize-se!!

Escolha um companheiro de malhação. Pode ser um amigo ou amiga, ou também um cachorro ou gato. Mas, encontre tempo!

As coisas são mais fáceis com um cúmplice – quero dizer, um bom amigo. Eu me recuperei de um rompimento catastrófico com a ajuda dos meus companheiros Wendell Hooper e Chris Zwirner. Nós compramos tênis de corrida (compre tênis apropriados para seu tipo de malhação), nos matriculamos em aulas de ginástica DIVERTIDAS em uma academia local (procure algo físico e, AO MESMO TEMPO, interessante para fazer em grupo) e começamos a correr em parques (uma vez mais, saia de casa!).

Nós não ligávamos para a distância percorrida, nem para a velocidade na qual corríamos, nem com o que as pessoas pensavam quando nos viam. Nada disso era importante. Nós ríamos, nos movimentávamos, às vezes chorávamos, e aí, de repente, comecei a me sentir melhor! EU COMECEI A ME SENTIR MELHOR. Movimentar-se dá início a uma espiral ascendente de efeitos positivos, bela porém lenta. Não é que eu não tivesse mais momentos de tristeza, frustração e, o mais desagradável de se admitir, raiva. Mas esses sentimentos, quando os tinha, eram mais raros e menos intensos. Aliás, além disso, minhas pernas e bumbum não estavam mais parecendo flácidos. Não há vingança melhor do que parecer saudável e bela (não que eu recomende que você alimente esses sentimentos, mas a gente SE SENTE MESMO melhor quando encontra com o ex e está parecendo muito feliz e sarada, não só por fora, mas também por dentro!).

O COMPANHEIRO. Inúmeras pesquisas indicaram que fazer festa no seu cachorro ou gato reduz o estresse e baixa a sua pressão sanguínea. É verdade! O toque interativo é acalentador e calmante. É essencial que mantenhamos a sensação de intimidade com outro ser vivo enquanto estamos esperando nosso coração sarar. Se você não tiver um animal de estimação ou não puder ter um bicho no seu apartamento, procure um abrigo de animais e se ofereça como voluntária para levar os bichos para passear. Você ficaria surpresa ao ver o que até mesmo algumas horas por semana podem fazer por você, sem falar na felicidade que o animal que você está levando sentirá. Pessoalmente, sinto-me na obrigação de mencionar que meus cachorros me acompanharam em duas casas, durante um casamento, quatro nascimentos, três enterros e uma infinidade de namoros irritantes. Sendo seres vivos, nós nos curamos mutuamente. Nossa saúde é a soma total de nossa mente, nosso corpo e nosso espírito – esta sensação maravilhosa de estarmos interligados preenche os três.

O TEMPO. Em suma, arranje um tempo para você. Se for preciso, arranque alguns compromissos da sua agenda com um pé-de-cabra, porque você precisa se tratar como um hóspede estimado e bem-vindo. Esforce-se para preencher sua vida com energia positiva. Se você perceber que tem tempo demais porque seu ex-parceiro não está mais presente, é duplamente importante ter algo de valor igualmente físico e emocional para substituí-lo. Tempo livre demais leva a pessoa a assaltar a geladeira.

A MALHAÇÃO "DE RECUPERAÇÃO": Eis minha rotina de malhação predileta, que vai fazer você se sentir e parecer bonita e forte. Faça isso três dias por semana, na academia ou em casa.

Você vai precisar de:

BOA MÚSICA, A TODO VOLUME

Uma esteira

Uma corda de pular

Um jogo de halteres pequenos (2,5 a 5 quilos)

Uma bola (custa bem barato na seção de brinquedos de qualquer loja) ou uma toalha de banho enrolada

Uma cadeira (ou um banco, se você estiver na academia)

Uma tiara! Se a Love pode tomar banhos de espuma de tiara, podemos também usar uma enquanto malhamos. Ela tem razão, você pode mesmo se sentir linda usando uma!

OBSERVAÇÃO: SIM, EU FAÇO ISSO, E NÃO, NÃO ESTOU SÓ BRINCANDO!

Esta é uma sessão de ginástica bastante completa. Deve levar apenas uma hora, mais ou menos, dependendo da sua velocidade. Depois que você se acostumar com a rotina, pode realmente fazer isso de maneira eficiente. Faça os exercícios em um ritmo razoável. Faça um intervalo quando precisar. E sorria, porque isso abre as portas do seu coração.

Corrida de aquecimento de 10 minutos na esteira ou em torno do quarteirão!

Parte 1 - **PARTE SUPERIOR DO CORPO**

10 Flexões (corpo inteiro ou de joelhos no chão – você ainda estará usando 75% do seu peso corporal se fizer flexões apoiando-se nos joelhos!)

Use um jogo de halteres de mão para os cinco exercícios seguintes.

20 Crucifixos – deitada de costas

20 Supinos – deitada de costas

20 Elevações sobre a cabeça – sentada em uma cadeira/banco de academia

20 Roscas bíceps – de pé

20 Extensões de antebraços com o tronco inclinado – abaixando a parte superior do corpo, como se você fosse fazer uma reverência à rainha, erga os cotovelos até a parte superior dos seus braços ficar paralela ao chão; depois "empurre" os halteres para trás, esticando os braços. Repita mais 19 vezes!

Mantenha o seu centro ativo (contraindo os músculos da barriga) ao fazer estes exercícios!

Pule corda durante 1 minuto (fazer isso pode ser muito divertido ou frustrante. Você pode demorar um pouco para se lembrar de como pular corda, mas no final você VAI se lembrar, eu garanto. Procure relaxar e pensar como uma criança! Depois que você tiver conseguido isso, pode pular corda durante um a três minutos toda vez que fizer um intervalo entre as séries de exercícios).

Faça esta série mais duas ou três vezes!!

Posição de flexão, por favor! Não se esqueça de pular corda depois de cada série de exercícios de musculação. Isso vai ajudar a "soltar" as coisas (essas "coisas" às quais me refiro aqui são os músculos contraídos. Pertencem à mesma categoria dos "troços" e das "bodegas").

INTERVALO ENTRE EXERCÍCIOS
10 minutos de corrida na esteira ou em volta do quarteirão (aproveite para cumprimentar os vizinhos desta vez).

Parte 2 – PARTE INFERIOR DO CORPO

Você pode usar halteres de mão durante estes exercícios para fazer os músculos trabalharem mais intensamente.

20 Avanços com a Perna Direita

20 Avanços com a Perna Esquerda

20 Elevações na Ponta dos Pés (as pernas precisam parecer bonitas quando você está de salto alto!)

15 Agachamentos Básicos – Pense em lutador de sumô, agache-se só até a altura dos joelhos e depois volte a levantar-se. Procure manter seus joelhos e pés um pouco além da distância entre os ombros.

Pule corda durante 1 minuto.

1 minuto de Contração dos Músculos Internos das Coxas com Bola – Deitada de costas, prenda a bola entre os joelhos. Aperte ligeiramente a bola, usando uma pressão média. Você sentirá uma "ardência" na parte de dentro das coxas.

1 minuto de Abdominais para Firmar o Tendão da Perna e o Bumbum – Na mesma posição acima, segure a bola firmemente, erga-a até o alto, depois abaixe-a até o chão. Erga a pelve mais ou menos de vinte a vinte e cinco centímetros acima do chão (mais ou menos um palmo). Você vai começar a sentir os tendões das pernas e o corpo ficando tensos. Respire. Esses levantamentos são muito eficazes.

Repita a parte inferior do corpo mais 2 vezes.

INTERVALO ENTRE EXERCÍCIOS
10 minutos de corrida leve pela última vez, em torno do quarteirão. Suas pernas vão estar meio pesadas, mas se você insistir, elas vão se descontrair.

Parte 3 – **CENTRO/BUMBUM**

Use uma toalha ou as suas mãos para sustentar a cabeça.

20 Abdominais básicos – Mantenha o queixo erguido e erga ligeiramente o seu peito, afastando-o do chão mais ou menos dez centímetros, e depois desça.

20 Abdominais em duas fases – Erga o tronco um pouco, depois mais um pouco e depois um pouco mais, e desça até o chão. Você vai se erguer apenas mais ou menos três centímetros de cada vez.

20 Bicicletas – Traga um dos joelhos até o cotovelo oposto, junto ao peito (quase perto o suficiente para se tocarem) e depois inverta o joelho e o cotovelo. Vá devagar e de maneira uniforme. Estenda bem a perna quando mudar de lado, de modo que pareça que você está "pedalando". Conte cada pedalada até completar 20.

3 Pranchas de Corpo Inteiro de 30 segundos. Deitada de barriga para baixo na sua esteira, com o rosto voltado para o chão, erga-se, apoiando-se nos cotovelos e dedos dos pés. Suas pernas devem estar esticadas, mas não totalmente. Se o peso for demais para você sustentar, dobre os joelhos, apoiando-os na esteira. Uma vez mais, você estará sustentando 75% do seu peso corporal. Você pode aumentar o tempo que passa fazendo este exercício à medida que você for ficando mais resistente. A prancha vai fortalecer seu centro e costas e lhe proporcionar uma leve fortalecida dos ombros.

E por último, porém não menos importante:

A CONCHA!!!! Porque, convenhamos, os *jeans* estão caros, e é importante manter esta área impecável! Deite-se de lado, no que chamo postura de assistir à tevê. Descanse a cabeça sobre a mão. Erga ambos os joelhos até a altura do umbigo, e ponha um pé sobre o outro. Você vai ficar na posição de quem está sentada em uma cadeira que caiu. Ponha um haltere sobre o joelho de cima, mantendo-o imóvel com a mão. Erga a perna de cima e depois volte à posição inicial. Não se esqueça de erguer o pé também, mantendo-o na mesma altura do joelho. (Exatamente como uma mala, um lado não se ergue mais do que o outro quando ela se abre). Faça isso 50 vezes, num ritmo confortável. Gente, preciso avisar a vocês: isso vai doer... pra caramba! Mas vai fazer seu bumbum ficar lindo da noite para o dia. Depois, vire-se e faça o mesmo do outro lado.

PARABÉNS, VOCÊ ACABOU!!!

Espere um minuto antes de desligar a música, sente-se, feche os olhos e permita que seu corpo "receba" o que você acabou de fazer por ele. Respire fundo pelo nariz, depois abra a boca para exalar (como se estive bafejando um espelho para embaçá-lo), esvaziando os pulmões. Repita, respirando profundamente mais algumas vezes.

Se esta tiver sido a primeira vez que você está malhando e fazendo exercícios físicos, você vai ficar dolorida. Por favor, faça alongamentos e continue a fazer os exercícios conforme o horário que você estabeleceu. Se você não se mexer, seus músculos ficarão mais contraídos ainda. Aliás, sugiro que você faça uma sessão de massagem de duas em duas semanas. Seu corpo é como um carro esporte muito bacana; temos de fazer uma manutenção constante nele, para que tenha bom desempenho. Espero que você experimente tanta alegria e gratificação quanto eu, ao fazer estas séries de exercícios.

Cuide-se bem. Seja feliz. Seja forte.
Com carinho, Stevie.

Vinte Tarefas Após um Rompimento

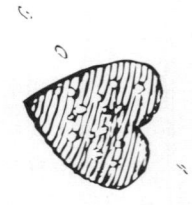

1. Escutar *Jagged Little Pill* (Alanis Morissette).

2. Comer chocolate, mas só durante 48 horas.

3. Sair da cama, preferivelmente dentro de 72 horas.

4. Sair de casa (mas lembre-se: é melhor você tomar uma ducha antes para que seus amigos a reconheçam).

5. Falar sobre outras coisas.

6. Fazer ioga.

7. Apagar o número do telefone dele.

8. Mudar o número do seu celular.

9. Beijar alguém que você acabou de conhecer (mas ele precisa ser lindo de morrer, senão você vai se sentir ainda pior).

10. Comprar uma roupa nova.

11. Mudar o corte de cabelo.

12. Ligar para aquele gato no qual você sempre pensava.

13. Parar de passar pela casa dele (nada de persegui-lo feito a mulher do *Atração Fatal*)

14. Deletar o ex do seu Facebook.

15. Não se arrepender.

16. Não assistir a comédias românticas.

17. Fazer algo radical (que você normalmente não faria).

18. Não ir aos lugares que eram importantes para vocês dois.

19. Suportar um dia de cada vez (todos nós precisamos suportar o fardo de cada dia, a vida é assim)

20. Saiba que não vai morrer (você precisa ficar neste mundo para ele ver o erro que cometeu).

As melhores e mais belas coisas do mundo não podem ser vistas, nem mesmo tocadas. Elas precisam ser sentidas com o coração.

– *Helen Keller*

Fatos Reais sobre o Coração

Sempre que sofremos por causa de um rompimento, não podemos deixar de nos perguntar até que ponto nosso coração ficou ferido. Talvez alguns fatos interessantes sobre como o coração pode ser forte irão nos ajudar a lembrar que o dano é simplesmente emocional:

- ❤ O coração humano, em média, bate 72 vezes por minuto, e baterá aproximadamente 2,5 bilhões de vezes durante a vida de uma pessoa, que dura cerca de 66 anos.

- ❤ Ele pesa, em média, de 250 a 300 g nas mulheres, e de 300 a 350 g nos homens (pelo menos não são as mulheres que pesam mais nesse aspecto).

- ❤ O coração humano começa a bater a uma velocidade próxima da velocidade do coração da mãe, cerca de 75 a 80 batidas por minuto, por volta de 21 dias depois da concepção.

- ❤ Não há diferença entre as batidas dos corações do homem e da mulher antes do nascimento; é só depois do nascimento e durante o funcionamento pleno dos seres humanos como homem ou mulher que eles se diferenciam (e como!).

- O coração é o órgão mais essencial do corpo humano, pois bombeia sangue oxigenado para alimentar as funções biológicas do corpo. Portanto, é a parte da qual devemos cuidar melhor.

- A pressão sanguínea alta e o estresse (rompimentos e brigas) podem aumentar o risco de surgimento de problemas cardíacos. Naturalmente, deve-se também levar em consideração outros fatores, tais como estilo de vida e saúde em geral (mental e social, assim como a física).

- O coração é essencialmente um músculo, pouco maior do que o nosso punho (grandes coisas vêm em pacotes pequenos).

Vamos Fazer Chamego! O Hormônio que Nos Faz Agir Assim

A oxitocina é o hormônio que será seu melhor amigo. Tanto mulheres quanto homens a produzem. A oxitocina desempenha um papel em relação a comportamentos maternos, sexuais e sociais. Quando se injeta oxitocina em ratas, mesmo que sejam virgens, elas começam a focinhar os outros ratos à sua volta, protegendo-os como se fossem suas crias. Os estudos mostram que a oxitocina em mulheres, assim como em homens, aumenta a confiança e reduz o medo (será que há pílulas disso para vender?). Nossos níveis de oxitocina se elevam quando alguém nos toca em qualquer parte do corpo, fazendo a gente sentir "aquele calorzinho bom por dentro". Se existe uma chave que pode ajudar a abrir o coração para o amor, é a oxitocina. Não ignore esse sentimento quando ele vier... permita que ele tome conta de você e curta essa sensação. Alguém quer um coquetel de oxitocina?

PARE!

Em Nome do Amor

Tudo bem, eu sei que já passamos por isso. Depois de você ter terminado o namoro com alguém, todo mundo que você conhece sente necessidade de lhe dizer que ele era horrível. "Você sabia que ele estava te traindo esse tempo todo?" "Você sabia que ele deu em cima de mim no meu aniversário?" "A primeira vez em que eu o vi, percebi logo que ele não servia para você." "Ele nem mesmo era bonito!" Você já entendeu. Todos, a princípio, têm boa intenção. Eles querem fazer você se sentir melhor, fazê-la sentir-se especial, como se você fosse boa demais para ele, mesmo. Mas ninguém consegue ver o conflito interior pelo qual você está passando. Você começa a pensar: "Por quê? Por que ninguém me disse que eu estava namorando Satanás em forma de gente? Por que ninguém me disse isso quando minha vida estava se acabando?" E depois você pensa: "Por que estão me dizendo isso agora? Como se eu precisasse de mais notícias ruins além de todo o sofrimento pelo qual estou passando." Depois você se sente burra por não ter visto tudo. E é só aí que você percebe que às vezes a melhor despedida é a bem-educada. Que você deve romper o relacionamento você mesma, saindo com uma boa lembrança que vai ajudá-la muito mais no processo de recuperação do que uma briga.

Quer saber, amiga? Se o relacionamento fosse bom mesmo, você ainda estaria com ele. Não era bom, portanto você não está. Mas você não preferiria saber que estava nesse relacionamento por um determinado motivo? Claro que preferiria. Você quer saber que escolheu a pessoa certa para passar um tempo com você durante essa fase da vida, e que, nessa época, fez a escolha certa. Que seu tempo um com o outro foi realmente importante, e que você pode levar o que aprendeu nessa fase para seu próximo relacionamento. Você deve se lembrar só dos bons tempos, porque só o que é bom pode preencher seu coração, para você poder tocar em frente. O ódio a deixa estagnada. Não deixa lugar algum para o crescimento, e não é real.

Sinto muito, meus amigos e parentes, mas não dá para dizer que quem eu escolhi era a pessoa errada. Isso só eu posso decidir. Amar alguém, mesmo alguém que você não ama mais, pelo que eles trouxeram a sua vida, é uma maneira de ser o que você é à máxima potência. Então, tape os ouvidos. Mostre aos outros que eles não têm o direito de fazer fofoca sobre os seus relacionamentos, que você está adorando o apoio de todos, mas que eles devem dar esse apoio dizendo coisas positivas, não negativas. Há tantos assuntos sobre os quais conversar, deixemos os relacionamentos amorosos das pessoas em paz.

Um ato de amor que falhou faz parte da vida cotidiana tanto quanto um ato de amor bem-sucedido, pois o amor se mede por sua generosidade, não por sua acolhida.

– Harold Lokes

Esta é a parte em que nós realmente nos conectamos. É onde não há julgamento, só apoio. Experimentei em primeira mão como as opiniões das pessoas podem ser cruéis. Isso não tem a menor graça, pode magoar a gente. Mas também podemos simplesmente rir e seguir adiante. Quando você ler a parte seguinte, saberá que eu também passei por isso e continuarei passando. Ser mulher é a melhor coisa deste mundo. Também inclui sofrimentos, hormônios, e mudanças no nosso corpo, e, enquanto os homens envelhecem com boa vontade, nós tentamos, com toda a boa vontade, não envelhecer.

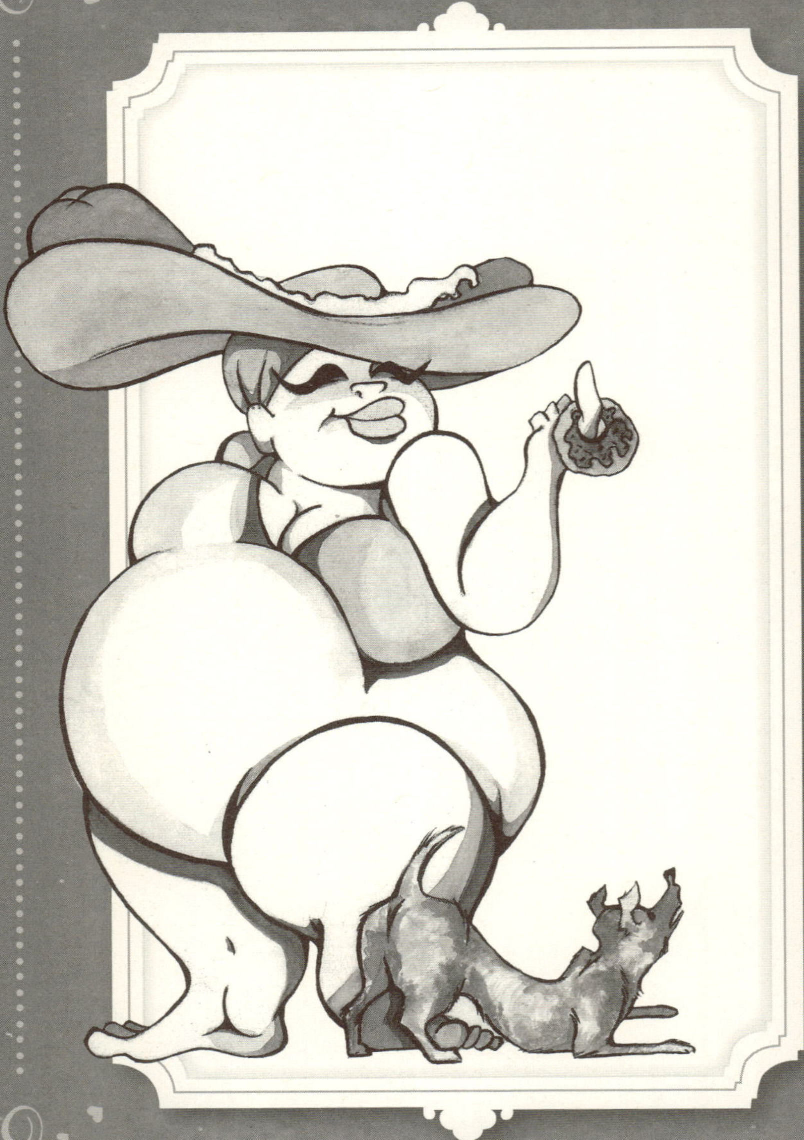

Apenas para as *Mulheres*

Minha Dieta de Cinco Dias... Que Só Durou Três

Ai, meu Deus, você não vai acreditar! Perdi cinquenta quilos na noite passada enquanto dormia. Ei, espera aí um instante... eu dormi enquanto estava assistindo o programa *America's Next Top Model*, e pensei que aquela moça fosse eu. Epa. Olha só, eu sei que só se passaram três dias, mas reconheça que estou me esforçando, né? Pelo menos me ajude a começar a ver os malares da Elle Macpherson no meu rosto. A palavra dieta, aliás, é uma abreviatura de: "Diabo, meu Estômago está tão Apertado!"

Não admira que essa dieta que estou fazendo tenha sido criada por médicos. Ela só dura cinco dias, porque, depois disso, eles precisam internar você, devido a um enfarte, por causa do ataque de raiva, ou por desmaio devido a um consumo excessivo de beterrabas e torradas sem manteiga. Mas estou animada para enfrentar o quarto dia; não vou comer pão, e minha sobremesa é chupar pedras de gelo para evitar desidratação! Acho que por volta das quatro horas da tarde eu devo começar a ver hambúrgueres dirigindo ao meu lado no trânsito, ou cachorros-quentes amigos vindo me visitar. E aí, depois de minha xícara de cenouras e uma salsicha sem pão, vou ter delírios, e ficar totalmente sem energia. P.S.: Estou tão desnutrida que nem mesmo me lembro do tamanho do meu *jeans*, portanto, como vou saber se esta dieta funcionou mesmo?! Boa noite, meus potezinhos de sorvete...

Veja só, uma "Veinha"...
E Não é a Única...

O dia estava glorioso, um dia perfeito para um vestidinho de alça curto e sedoso. O tipo do dia em que os operários de construção assobiam só porque você existe, e você nem mesmo pensa em mandá-los para aquele lugar, dizendo que não é mulher objeto. Eu estava no meu *closet*, me divertindo enquanto procurava as sandálias perfeitas, quando vi as pernas da minha avó presas ao meu corpo. Por que diabo eu parecia que tinha 80 anos da cintura para baixo? Achei que era a luz mortiça (sabem, aquela luz com sombras em formato de varizes que comprei... brincadeira). Como eu ia explicar aquilo ao meu guarda-roupa de verão? Como ia explicar a meu corpo de 29 anos que das coxas para cima eu obviamente não tinha recebido o recado de que estava envelhecendo? Por que a *Cosmo* não publicou isso? Em vez disso, só havia os artigos costumeiros e sem importância, do tipo "Como Conquistar o Namorado da Sua Melhor Amiga" e os horóscopos... Por que ninguém nunca me disse que a bolha onde existimos pode explodir a qualquer momento? O que era aquilo, e por que estava ali?

Enquanto eu me questionava, mandando mensagens de texto que diziam "você ainda é atraente" para mim mesma, descobri que isso acontece com uma infinidade de pessoas. Isso não me ajudou muito, mas desgraça pouca é bobagem. Estou começando a aceitar minha "veinha" interior... e eu assumo o trocadilho. Mas e agora? Quero dizer, não ficamos mais jovens... Logo, as varizes vão se fazer acompanhar de outras coisas: seios caídos, rugas e pelo no rosto. Sim, acabei de dizer isso: PELOS NO ROSTO. Eu podia continuar sofrendo, mas por quê? (P.S.: Acabei de enviar outra mensagem de texto para mim mesma, dizendo "você ainda é bonita").

Talvez eu possa usar as minhas varizes como assunto para puxar papo?

"Olha, você já viu essas minhas varizes aqui, do formato do estado do Texas? Legal, né?" Ou "Quer chegar mais perto e jogar Liga-Varizes?"

Tudo bem, estou tentando ver o lado bom das coisas. Estou pensando nisso assim: fiz por merecê-las. Eis o caso. Nós todos temos alguma coisa que nos deixa deprimidos. Precisamos nos amar, mesmo assim. As pessoas certas se aproximarão de nós por causa do nosso coração, não por nossas varizes. Então, erga a cabeça, faça dessas divinas marcas azuladas a marca da sua beleza e aceite aquela "veinha" na perna.

Uma porção de Megera,
por favor

Se as partes da personalidade de uma mulher pudessem ser pedidas como pratos em um restaurante, talvez soasse assim: "Eu gostaria de elegância como aperitivo, classe, dignidade e gostosura como prato principal e um complemento de pernas bonitas; e, para sobremesa, um pouquinho de megera, por favor!

Sim, acabei de pedir um pouquinho de megera. Deste ponto em diante, megera será uma palavra positiva, e, para nós, um cumprimento. É esse tantinho de agressividade que podemos precisar usar de vez em quando. E se nunca usarmos a "megera interior", que nós simplesmente a guardemos sempre dentro de nós, que ela nos dará a força interior para impedir que outros abusem da gente.

Às vezes *precisamos* ser megeras. Isso evita que outras mulheres passem dos limites e que os homens pensem que estamos querendo nos impor. Agora, por favor, não vá dizer a ninguém que eu, JLH, lhe disse que você devia ser uma megera – mas tudo bem se você tiver um pouco de megera dentro de si. Portanto, use esse seu lado negro! Mostre ao seu homem que ele vai ter trabalho (de forma positiva) para conviver com uma mulher tão fantástica quanto você. E, se necessário, seu lado "megera" vai aparecer e terminar a conversa. E para "aqueles tipos de mulher" que conseguem despertar até mesmo a menor e a mais sossegada megera – rodem a baiana! Elas ficarão chocadas e recuarão. Repito, sua megera interior não deve ser usada para o mal, só nos momentos especiais, quando você precisar dela. Pode ser que eu nunca repita isso, mas, minhas amigas, vão em frente e... SEJAM MEGERAS!

Foi um dia estranho na minha vida, o dia em que eu, de biquíni, apareci em uma foto publicada em todas as revistas e sites imagináveis da internet. Eu me vi consumida pela seguinte dúvida: "Por que eu?" Sou uma pessoa legal. Nunca prejudiquei ninguém. Francamente, não entendi. E o que outras mulheres pensariam, ao ver uma da sua espécie atacada dessa forma? Finalmente cheguei à conclusão de que seria um momento muito pequeno, embora doloroso, da minha longa existência. Eu deixaria aquilo para trás e seguiria em frente. Aliás, essa coisa toda me deixou foi com uma baita fome.

Gordinha, sem a obrigação de ser gostosa

Por que as pessoas precisam fazer comentários? Será que minha suposta gordura lhes mostrou como você fica mal vestida com roupas dessa cor? Ou é a dificuldade que eu tenho para aturar esse barulho ridículo que você chama de risada? Não. Minha suposta gordura estava aqui, exatamente neste vestidinho preto, silenciosamente tomando sua margarita, esperando a comida que eu pedi. AH, APOSTO QUE VOCÊ ADORA ISSO! COMIDA. ISSO MESMO, EU DISSE COMIDA! Comida que pode acrescentar mais gordura àquela que você mencionou antes quando meteu sua estaca enorme na parte minúscula do meu coração que armazena toda a minha autoconfiança... Mas não ouse me privar dela, porque eu vou me zangar. E não vai ser fácil reagir quando uma pessoa esfomeada, nervosa, considerada gorda, te atropelar com o carro num estacionamento escuro.

Respiro fundo e percebo que talvez o problema seja seu. Talvez você ache que precisa fazer comentários sobre o meu peso porque você também tem lá suas preocupações com o seu. E, de repente, quero dividir com você uma breve mordidinha de meus deliciosos petiscos em vez de enfiar sua cara neles. Ouvi alguém dizer um dia, que em um mundo sem homens, haveria um bando de mulheres gordas e felizes, sem criminalidade. Portanto, convenhamos, paremos de fingir que não há ninguém para impressionar por um momento. Deixe de ser maldosa, apanhe um garfo e venha dividir comigo meu saboroso pedacinho de céu, e, caloria por baixa caloria, deixe para dominar o mundo amanhã.

Ai, meu Deus, tenho 30!

Eu me lembro de quando tinha doze anos: meu desejo de aniversário foi fazer trinta. É que, para mim, todas as mulheres que eu conhecia ou admirava sempre se tornavam mais legais aos trinta. É quando a menina finalmente se retira e a mulher assume o comando. É quando você não tem mais medo de ter uma opinião genuína sobre o assunto, quer mais para si mesma do que simplesmente um cara que "por enquanto serve", e pode olhar para si mesma e realmente gostar do que está vendo.

No dia em que completei 30 anos, eu me senti como uma nova Jennifer, muito livre e pronta para mostrar quem eu era. Decidi passar meu dia prestando homenagem a uma das maiores mulheres que conhecemos, Audrey Hepburn. Tomei café da manhã na Tiffany, almocei com minhas amigas, usei uma tiara o dia inteiro, e tive a festa mais fabulosa da minha vida, onde fiquei dançando até cinco da madrugada! Foi uma glória! Desafio todas a tornarem seus aniversários tão maravilhosos quanto os de 30 anos. Apeguem-se a essa sensação de "Eu cheguei lá", passem seus aniversários prestando homenagem a seus ícones femininos prediletos, e lembrem-se: todo ano ficamos melhores. Eis aqui algumas coisas que andei fazendo por mim no meu trigésimo ano. Não importa a idade que você tenha, pode ser que queira experimentar uma dessas alternativas:

1. Todo dia, olhe-se no espelho e encontre dez coisas de que gosta (precisa dizê-las em voz alta).

2. Toda noite, antes de ir para a cama, encontre cinco coisas em si que você considere sensuais (isso mesmo, diga isso em voz alta também).

3. Durma de lingerie sexy, não para ele, mas para você (durma nua para ele).

4. E a minha predileta: tome um banho com uma tiara na cabeça. Isso realmente faz você se sentir uma rainha.

Se você não gostar dessas, invente suas próprias formas de se valorizar. Se passar algum tempo cuidando de si mesma, gostará dos resultados.

Celulite não Mata Ninguém

Ela começa devagarzinho, como um lembrete para comer uma batata frita a menos. Um "Ei, você não tem mais dezesseis anos", amistoso, sutil. Um nódulo minúsculo, inconveniente, sem importância, que mal se pode notar, completamente controlável. Célula ou tecido no lugar errado, se quiser. Você nem mesmo pensa em mencioná-lo em um almoço com as suas amigas, porque, depois de uma sessão de 45 minutos na esteira, o nódulo terá sumido. Mas aí você acorda, dois meses depois, após 150 horas na esteira, duas semanas chupando gelo e dezoito massagens naquele problemático tecido/célula que apareceu no lugar errado. E, de repente, você se toca que ele não é um hóspede passageiro, e sim que chegou para ficar. Seus maiôs passam a ter sainhas. Seu biquíni, que antes era fio dental, agora se parece mais com uma bermuda de surfista e uma camiseta. Você, subitamente, fica muito "sensível à luz solar" e só pode se bronzear sozinha em casa. As lojas de departamentos descobriram o que se esconde sob seu *jeans* e inventaram as bermudas modeladoras – apertadas, cor da pele, daquelas que eliminam o suprimento sanguíneo para que você se sinta extremamente segura quando as usa sob seus vestidos e *jeans* apertados. Só que você não pode se sentir segura porque não está deixando nenhum sangue chegar ao seu cérebro. E agora, também, está andando como uma pata. A bermuda é extremamente apertada. Você vai até o espelho, gingando e dizendo a si mesma, uma última vez, que, numa questão de dias, este pesadelo estará terminado. *Parem a Insanidade!!* [4] (obrigada, Susan Powter.)

É o que é. "Celulite não Mata Ninguém." Várias mulheres têm celulite! Muita, pouca, superficial, profunda, no bumbum, nas coxas, seja lá onde for. Minha única vitória pessoal foi descobrir e ver com meus próprios olhos que as modelos têm celulite. É, as pessoas perfeitas são iguaizinhas a nós! Vamos organizar um desfile de celulite! E as bermudas modeladoras, daqueles Einsteins da Spanx, salvaram nossas vidas. Devia haver um dia só para eles. O Dia da Spanx! Não mate o mensageiro, vista as bermudas e aprenda a gingar!

---

[4] Nos anos 1990 Susan Powter ficou famosa com um programa chamado "Parem a Insanidade", na tevê americana, no qual dizia que, para perder peso, ninguém precisa fazer dieta, só malhar até ficar em boa forma física. (N.T.)

M.E.R.E.C.E.R.

(Mulheres Em Reabilitação Evitando Casos Equivocados e Ruins)

MERECER: palavra que expressa avaliação de que alguém é digno de respeito.

Esta é uma luta pessoal minha. Merecer. Como me sentir alguém que merece. Ser merecedora. Quando estava pensando nesta palavra, entendi. Talvez aquelas entre nós que têm dificuldade de entender este conceito precisem formar um clube, uma sociedade secreta de mulheres, que precisam aprender a se sentirem merecedoras do que têm. E talvez possamos fazer isso nos recuperando dos casos que nos fizeram sentir que não merecemos nada. Então, formaremos o Clube M.E.R.E.C.E.R., Mulheres Em Reabilitação Evitando Casos Equivocados e Ruins. Em vez de constantemente nos sentirmos como se não fôssemos merecedoras de nada e ficarmos quebrando a cabeça para tentar decifrar por que não encontramos a felicidade em novos relacionamentos, faremos um trabalho interior, que é realmente diferente para casa pessoa, reabilitando *nós mesmas* antes de seguirmos adiante e começarmos um novo namoro. Eis alguns passos que acho que funcionam:

1. Em primeiro lugar, descubra o que fez com que você sentisse que não merecia o amor dele. Aceite sua parte na culpa, e o que você não puder controlar, esqueça.

2. Em segundo lugar, compre um livro de autoestima, sério ou engraçado, e leia-o, preferivelmente mais de uma vez.

3. Em terceiro lugar, saiba que até você conseguir acreditar que merece o seu próprio amor, não vai poder aceitar o amor dos outros, nem vai querer aceitá-lo. E quando você sentir que é uma pessoa realmente merecedora, nenhum relacionamento poderá arrasá-la.

Para entrar nesse clube, basta ser honesta consigo mesma. Peça à pessoa que você vê no espelho que a ajude a sentir-se merecedora, e depois faça seu trabalho interior. Eu acho que você merece.

O Parceiro Perfeito, com Pilhas Incluídas

Ai, que saudades dos tempos dos romances quentes, em que sonhávamos acordadas com uma satisfação interminável com o homem dos nossos sonhos... Lembram-se de quando o coelho era um animalzinho fofinho e engraçadinho que nos ensinava a ser responsáveis? Isso já era. A Samantha, daquela série *Sex and the City*, provou que um bom vibrador é tão importante quanto uma escova de dentes. O coelhinho[5] é um vibrador muito procurado que a mulher moderna guarda escondido debaixo das calcinhas e sutiãs, na gaveta de *lingerie*. Nosso homem dos sonhos pode até se sentir ameaçado pelo relacionamento entre uma mulher e suas pilhas alcalinas AA Energizer. Mas o caso é o seguinte: às vezes a gata quer só um bom "zás trás, vapt vupt e um abraço" sem todas as preliminares e produção, exatamente como os homens fazem com as fotos da revista *Playboy*. Se ela estiver solteira, isso evita que ela saia por aí dormindo com

---

[5] Referência ao vibrador Rabbit (coelho) usado e anunciado pela Samantha da série *Sex and the City*. (N.T.)

todo mundo e pegue uma doença venérea. Se ela for casada, o vibrador pode ser um instrumento que apimenta até mesmo os relacionamentos perfeitos. E, em outras ocasiões, é só uma forma de expressar o seu lado pervertido, sem você precisar se sentir como se precisasse de outra pessoa para tudo. Lembre-se: ele sabe exatamente do que você precisa, não retruca, desliga quando você quer, não quer nada em troca, e não pode sair por aí revelando detalhes íntimos. Para as tímidas: batizem o danadinho e, de agora em diante, digam aos outros que vocês vão curtir uma noitada sensacional com o "Brad". Vá para casa, encha uma taça de vinho *cabernet*, e aqueça as turbinas do bichinho... (piscadela marota).

As mulheres desejam ser amadas não porque são bonitas, boas ou bem-educadas, graciosas ou inteligentes, mas por serem quem elas são.

– Henri Frédéric Amiel (1821-1881),
Filósofo suíço, poeta e crítico

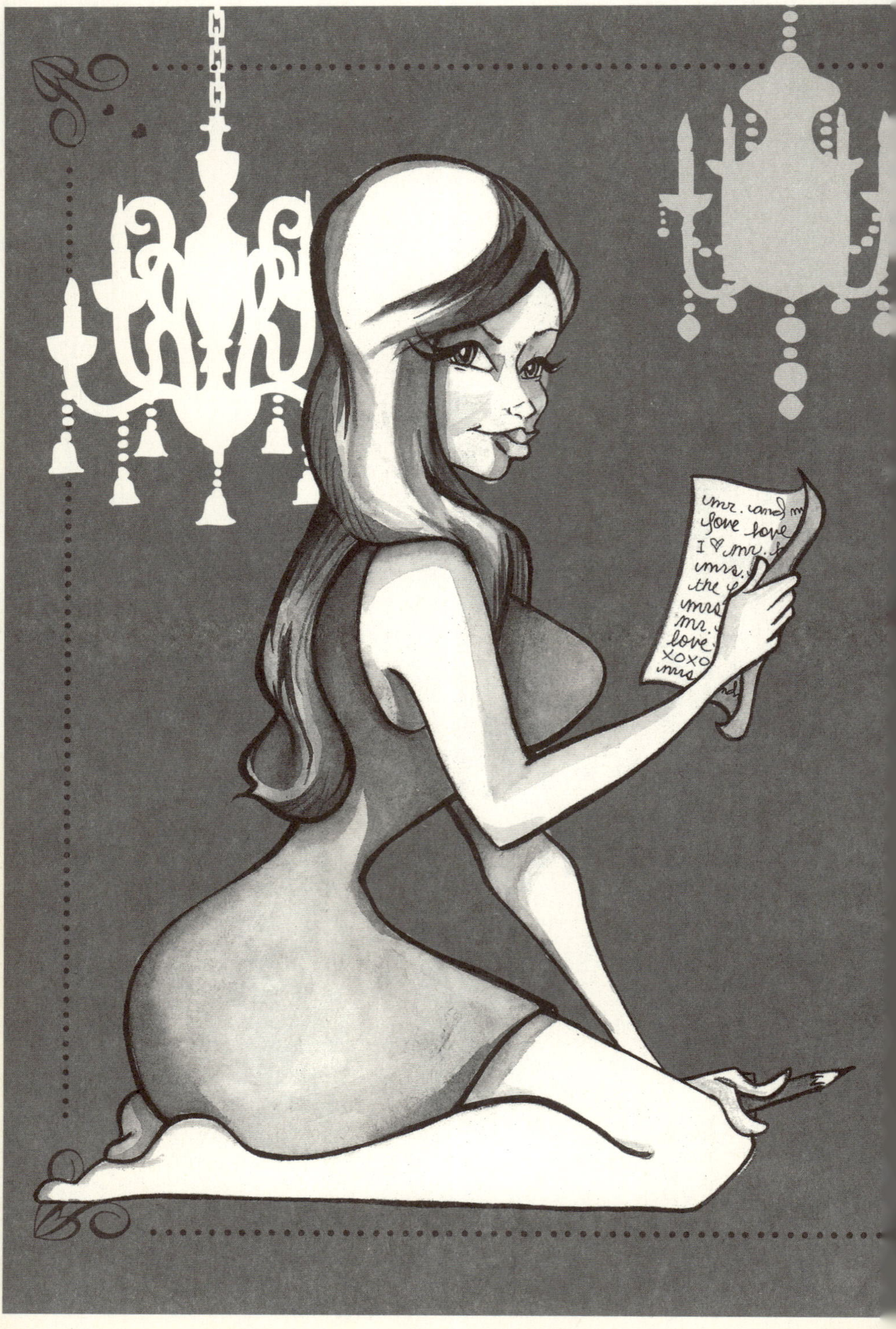
mr. and
love love
xoxo

Divertidos Conselhos Extras

10 Coisas a Fazer Antes de um Encontro

1. Sempre compre uma blusa ou vestido novo (isso fará com que você se sinta o máximo).

2. Estar bronzeada é indispensável.

3. Faça um vagelezamento! (não para ele, para si mesma).

4. Faça um lanchinho antes para não ter de comer como um animal faminto do Discovery Channel.

5. Escute boa música ao se arrumar (Beyoncé, manda ver!).

6. Faça uma escova com um cabeleireiro profissional (para você poder balançar os cabelos em câmera lenta!).

7. Vá à manicure e pedicure (acredite, os homens adoram isso!).

8. Quando você se olhar pela última vez no espelho, sempre olhe as costas.

9. Lembre-se que usar decote revelador não é baixaria, é um espetáculo (mostre o que você tem!).

10. Tenha uma longa conversa consigo mesma (hoje não é o dia do seu casamento, é só um primeiro encontro!).

10 Coisas que NÃO se Deve Fazer Antes de um Encontro

1. Não assista a comédias românticas (não vai ser tão sensacional assim).

2. Tente não verificar a ficha dele na internet (espere até o quarto encontro).

3. Não se ofereça (os caras gostam das moças que têm classe).

4. Não encha a cara para acalmar os nervos.

5. Não escreva "Senhora Fulano de Tal..." várias vezes em uma folha de papel.

6. Não pergunte a outras mulheres (a não ser a suas melhores amigas) se você está bonita (sinto muito lhe dizer isso, mas todas vão mentir).

7. Não tome um diurético, você vai ficar urinando a noite inteira.

8. Não ligue seis vezes para confirmar o encontro. Só uma vez. (Isso é só porque você tem medo de que ele lhe dê o bolo!)

9. Não suba na balança, não há tempo para mudar seu peso.

10. Não se preocupe se ele chegar quinze minutos atrasado.

5 Coisas que Ele Deve Dizer em um Encontro

1. Você é hilária.

2. Você tem olhos lindos.

3. Vamos marcar outro encontro.

4. Pode deixar que eu pago a conta.

5. Dentre suas amigas, você é a mais bonita.

5 Coisas que Você NÃO Deve Dizer em um Encontro

1. Já posso ver nós dois passando o resto de nossas vidas juntos.

2. Você parecia mais magro na foto.

3. Adoro o jeito como você mastiga.

4. Meu último namorado...

5. Não tenho muita experiência em namoros.

10 Verdades Nuas e Cruas Sobre os Homens

Foi duro aprender essas coisas, mas depois que a gente entende isso, tudo fica mais fácil de se aturar.

1. Os homens sempre olham as outras mulheres. (É um instinto animal; eles sentem necessidade de inspecionar todas as mulheres.)

2. Eles nem sempre querem saber o que estamos sentindo. (Eles realmente conseguem se desligar de nós.)

3. Os homens não adoram dormir agarradinho com a gente, nem ficar de chamego. (Eles fazem isso, mas não gostam.)

4. Eles não têm um tipo de mulher do qual gostam. (Caras que dizem "ah, ela não é meu tipo" estão mentindo. O tipo de um homem é qualquer mulher que esteja a fim.)

5. Eles precisam ser bem-sucedidos nos negócios e precisam de apoio nos seus sonhos. (Incentive-o a ser quem ele quer ser. Ele a amará por isso.)

6. Os homens nem sempre querem uma adoração eterna. (É muita pressão em cima deles tentar conservar esse nível de reverência.)

7. Eles nunca nos dão exatamente o que precisamos no amor. (Mas um bom parceiro tenta.)

8. Eles jamais vão entender nossos relacionamentos com nossas mães. (Duas mulheres, que coisa mais assustadora!)

9. Eles não conseguem adivinhar nossos pensamentos. (Nós queremos que eles façam isso, mas eles não conseguem.)

10. Os homens não acreditam em romance. (Não é natural para eles. Eles aprendem, por nossa causa, mas não acreditam nisso.)

O Que um Homem Deve Saber

- Como escolher um diamante.
- Como fazer o café da manhã.
- Como escolher um bom vinho.
- Como falar com nossas avós.
- Como conquistar a confiança de nossas mães.
- Como ler um mapa.
- Pelo menos três formas de salvar uma vida.
- Sempre ter um casaco para você.

- Como perguntar qual é o caminho para chegar a algum lugar.

- Como se sentir bem precisando de uma mulher.

- Quando escutar.

- Quando deve simplesmente se calar e beijar você.

O Que uma Mulher Deve Saber

- Quando não ser emotiva.
- Como escolher suas batalhas.
- Como preparar pelo menos dez refeições diferentes.
- Como organizar um jantar.
- Quando vestir *lingerie* sexy.
- Quando ficar só escutando, sem dizer nada.
- Quando não ser boazinha.

- Quando deixar ele se desligar e jogar videogames, usar o computador ou o telefone.

- Como rachar uma conta, se necessário.

- Como confiar nele.

- Quando deixá-lo controlar o dia ou a situação.

- Quando deve simplesmente se calar e beijá-lo.

O que Significa o Amor?

Um grupo de profissionais fez esta pergunta a um grupo de crianças de quatro a oito anos de idade: "O que significa o amor?" As respostas que obtiveram foram mais amplas e profundas do que qualquer um poderia ter imaginado:

"Quando minha avó começou a ter artrite, ela não podia mais se curvar e pintar as unhas dos pés; então meu avô passou a fazer isso sempre para ela, mesmo quando ele também começou a ter artrite nas mãos. Isso é amor."
— *Rebecca, 8 anos*

"Quando alguém ama você, diz seu nome de um jeito diferente. A gente sabe que o nosso nome está seguro na boca da pessoa que nos ama."
— *Billy, 4 anos*

"Amor é o que faz você sorrir quando você está cansado."
— *Terri, 4 anos*

"Amor é o que está na sala com a gente no Natal se a gente parar de abrir presentes e prestar atenção."

– *Bobby, 7 anos*

"Se você quiser aprender a amar melhor, deve começar com um amigo que você odeia."

– *Nikka, 6 anos*

"Amar é quando você diz a um garoto que você gostou da camisa dele, e ele passa a usá-la todos os dias."

– *Noelle, 7 anos*

"Amar é como uma velhinha e um velhinho que ainda são amigos mesmo depois de se conhecerem muito bem."

– *Tommy, 6 anos*

"Amor é quando a mamãe vê o papai todo malcheiroso e suado e diz que ele está mais lindo do que Robert Redford."

– *Chris, 7 anos*

"Quando você ama alguém, seus cílios sobem e descem e umas estrelinhas saem de você."

– *Karen, 7 anos*

Vinte e Cinco Coisas Que Não Escreveram Sobre Mim nas Revistas e Jornais

1. Coleciono livros antigos em miniatura.

2. Adoro artigos de papelaria (eles me deixam acesa).

3. Secretamente, desejo ser a melhor amiga eterna de LC (Lauren Conrad).

4. Não entendo nada de informática.

5. Adoro margaritas com um pouquinho de Sprite.

6. Adoro boxe (só assisto).

7. Adoro limpar minha casa.

8. Sou louca por carros clássicos.

9. Leio meu horóscopo todos os dias.

10. Journey é minha banda de rock predileta (quando conheci o Steve Perry quase desmaiei!).

11. Meu feriado preferido é o Natal.

12. Adoro passar noites jogando com meus amigos.

13. Minha atividade predileta é cozinhar (faço cupcakes deliciosos!).

14. Adoro dormir com roupa de baixo de homem (só que não de qualquer homem).

15. Sou obcecada por álcool gel Purell para mãos.

16. Minha mãe e eu temos uma "dancinha feliz" só nossa que fazemos quando recebemos boas notícias.

17. Tenho de usar um chapéu de aniversário engraçado, todo ano, no meu aniversário.

18. Realmente adoraria ter filhos um dia.

19. Fico bem magoada quando alguém da imprensa faz acusações injustas contra mim ou pessoas das quais gosto.

20. Tenho medo de aves de grande porte (mas não do Garibaldo da Vila Sésamo).

21. Velas aromáticas são meu fraco.

22. Tenho medo de filmes de horror (sei que fui estrela em alguns, mas ainda sinto medo deles).

23. Adoro criar álbuns de fotos e recortes (scrapbook) – podem me chamar de Martha Stewart.

24. Adoro macacos.

25. Tenho medo de falar em público.

Você devia fazer sua própria lista. É um exercício divertido!

E Vamos Ficando por Aqui

É justo que eu termine este livro onde comecei a escrevê-lo. Portanto, voltei a Cabo San Lucas, depois que muita água e romance passaram debaixo da ponte. Vamos recapitular. Vim para cá da primeira vez com o meu coração partido, com minhas amigas e uma ideia para escrever este livro. Desde esse dia, tive alguns encontros, um namorado, fiquei noiva, tive de romper o noivado, terminei não me casando e ainda tenho o vestido de noiva guardado no armário (ih! que mico!), fiquei na fossa, fiz trinta anos, ri, chorei, e finalmente terminei este livro! Onde estou agora? Realmente feliz! Uma felicidade que me parece verdadeira e permanente, um novo grupo de amigas fantásticas, montes de lembranças e, imaginem só, um namorado novo! Aprendi muito sobre relacionamentos, sobre o amor e sobre mim mesma. Espero que vocês também encontrem a felicidade e muita alegria. O que me aguarda dentro deste meu coração, ainda ligeiramente magoado, porém esperançoso? Não sei, nem vocês sabem, e isso é verdadeiramente belo.

– JLH

Conheça outros títulos da editora em:
www.editoraseoman.com.br